학교 바꾸기
그 후 12년

남한산초등학교
졸업생들의 이야기

학교 바꾸기
그 후 12년

발행일	2012년 8월 20일 초판 1쇄 발행
지은이	권새봄 외 6인 지음
발행인	방득일
편 집	신윤철
디자인	강수경
마케팅	김지훈

발행처	맘에드림
주 소	서울시 중구 묵정동 31-2 2층
전 화	02-2269-0425
팩 스	02-2269-0426
e-mail	nurio1@naver.com

ISBN 978-89-97206-05-6 13370

※ 책값은 뒤표지에 있습니다.
※ 잘못된 책은 구입처에서 교환하여 드립니다.
※ 이 책은 저작권법에 의하여 보호를 받는 저작물이므로 무단 전재와 무단 복제를 금합니다.

· 이 책에 실린 이미지 자료의 출처에 누락이 있는 경우 출판사로 연락을 주시면 게재
  허락을 받고 일반적인 기준에 따라 사용료를 지불하겠습니다.

학교 바꾸기

남한산초등학교 졸업생들의 이야기
그 후 12년

프롤로그

동그란 손 망원경 속에
들어온 배움의 시간들

정민승 교수 (한국방송통신대학교 교육학과)

1. 어릴 적, 뭔가를 더 잘 보고 싶을 때면 손을 동그랗게 말아 망원경처럼 만들어 눈에 대고 보곤 했다. 렌즈가 없으니 더 잘 보이지 않을 것임이 분명한데도, 더 잘 보고 싶을 땐 그렇게 하곤 했다. 친구의 얼굴이나 작은 나뭇잎, 보길도의 조약돌과 맑은 보름달…. 배경을 모두 제거하고 동그란 손 망원경 안으로 들어온 모습을 열심히 보다가 다시 눈을 들어 전체를 보면, 입체적 풍경 속에서 그 모습은 다시 보이기도 했다.

이 아이들의 글이 그렇다. 이 책은 남한산초등학교의 경험과 그 이후의 삶을 다룬 일종의 성장기이지만, 글을 읽다 보면 손으로 만든 망원경처럼 우리 교육의 일면들을 선명하게 보여준다. 모든 아이들은 입을 모아 남한산초등학교에서의 "모든 시간이 배움"이었다고 말한다. 수업이 시작하기 전에는 반마다 "산책을 가기도 하고 차를 마시기도 했다"고, 그리고 수업에서 선생님은 "진도에 절대 연연하지 않으셨다"고 말한다. 그리고는 모두가 남한산초등학교에서 지냈던 시간들을 하나하나 떠올리면서 그 생활을 "내 생애 최고의 시간"이라 단언한다.

  즐겁게 읽어야 마땅한데, 가슴 한켠이 아려 온다. 남한산초등학교에서의 환한 기쁨의 시간들은 전 학년을 통틀어봐야 20여 명에 불과한 아이들만이 누렸던 시간들이며, 그 아이들조차도 학교를 나서면 힘겨워진다. 손 망원경을 떼어내자마자, 남한산초등학교는 하나의 점으로 축소되고 마는 것이다. 그럼에도 불구하고 이 아이들의 경험은 아주 소중하다. 우리가 어디로 나아가야 하는지를 선명하게 보여주기 때문이다.

2. 남한산의 아이들은 그 시절이 "행복했다"고 입을 모은다. 무엇을 배웠느냐는 질문에는 "행복해지는 방법을 배웠다"라고 답한다. 스물을 갓 넘긴 학생들의 답치고는 맹랑하고 성숙하다. 모든 인간의 목적인 '행복'을, 모든 철학자들이 관심을 가지고 그 오랜 세월을 규명하려고 애쓰던 '행복'을, 모든 교육이 추구하는 그 '행복'을, 이 아이들은 어떻게 이렇게 쉽게 이야기하는 것인가?

누구에 의해서도 부인될 수 없는 행복의 감정을 학교생활에서 충만하게 느꼈기 때문일 것이다. 사실, 자연환경만 보자면 적지 않은 학교가 훌륭한 자연환경 속에 놓여 있다. 그러니 아이들이 행복감을 느낀 것은 자연 때문만이라고 할 수는 없을 것이다. 그렇다면 그 충만한 행복감은 어디서 오는가?

아이들의 글은, 그것이 자신들이 오롯이 주인공이었던 교육에서 비롯된 것임을 보여준다. '아이들이 주인공인 교육'은 물론 시험을 목표로 공부를 강요받는 상황과 반대편에 있다. 그러나 그렇다고 해서 아이들이 원하는 대로 놀게 내버려두는 상태를 말하는 것도 아니다. 아이들이 새로운 지식을 철저하게 자신의 것으로 만들 수 있도록 돕는 것. 그것이 아이들이 주인공인 교육의 핵심이다. 몇 아이들의 이야기를 들어보자.

선생님은 절대 진도에 연연하지 않으셨고 학생들이

한 부분이라도 제대로 배울 수 있기를 원하셨다.
- 김대훈

아이들은 어른들보다 더 정확히 더 날카롭게 알고 있다. 어른들의 웃음과 말속에 보이지 않는 진심을, 고작 10살 남짓의 아이가 그것을 느꼈다는 것이 나로서도 신기하지만 폭신폭신한 이불처럼 강아지처럼 마구마구 뒹굴어도 괜찮다는 안도감과 편안함, 그리고 진심으로 위해주고 있다는 그 마음. 지금도 나의 느낌으로 남아있다.
- 이 정

선생님은 … 몇 분, 몇 시간이 걸리든 아이들이 스스로 그 답을 알아가게 하셨다. 국어 시간에는 책을 보고 넘어가도 될 용어들을 굳이 우리에게 물어보셨다. '이 낱말이 뜻하는 게 뭘까?', '왜 책 속의 이 사람은 이런 일을 했을까?' 수업의 진도는 빨리 나갈 수 없었지만 나도 답을 찾아보고, 친구들이 내는 답에 선생님의 칭찬과 답변을 듣는 것이 훨씬 재미있었다.
- 권새봄

'절대' 진도에 연연하지 않는 것. 이것은 미리 정해진 시험이나 교육과정을 거부한다는 것을 말한다. '절대' 진도에 연연하지 않음을 아이들이 어떻게 아는가? 아이들의 질문과 상태에 따라 때로는 진도를 전혀 나가지 않기도 하고, 때로는 밀도 깊게 천천히 진행함을 의미할 것이다. 그렇게 충실히 아이들을 배려하는 마음을 아이들은 "어른들보다 더 날카롭게" 꿰뚫어보고 "마구마구 뒹굴"게 되는 것이다.

누군가가 자신을 완전히 배려하고 있다는 안도감과 편안함. 그것은 아기들이 엄마의 품에 안겨 느낄 때의 평안함이다. 그 평안 위에서 배움이 일어난다. 아이들은 "몇 시간이 걸리든 스스로 답을 알아"가고, 그 과정에서 의미를 획득한다. 평화로운 상태에서 세계를, 인간을, 자연을, 자신을 알아가는 과정. 그것은 인간만이 가질 수 있는 의미 충만한 행복감이다. 아이들이 어떻게 행복하지 않을 수 있을까.

3. 아이들의 '체험학습'도 이런 맥락에서 해석된다. 대개 체험학습이라는 말은 학교 밖에서 하는 경험을 일컫는다. 그래서 부모와의 여행이나 박물관 견학, 뮤지컬 관람은 체험학습의 전형으로 여겨진다. 하지만 이벤트나 공연, 견학 등이 학습자 자신의 의미구조와 연관되지 않고는 체험이 될 수 없다. 아이들이 자신의 마음을 열고 그 환경을 받아들이지 않고는 어떠한 체험도 일어나지 않는다. '선행학습 멘탈리티'로는 어떠한 체험도, 어떠한 학습도 이루어지지 않는다. 그래서 한 아이는 이렇게 말한다.

> 10살엔 10살 다운, 13살엔 13살 다운 교육이 먼저 있어야 하는데 우리나라 교육은 자꾸 10살 아이 보고 왜

> 15살 아이 수준이 안 되느냐면서 뭐라고 한다.
> － 김성은

아이들은 "내 나이에 필요한 '당연한' 배움들이 '당연한' 방법으로 이 시기에 이루어졌을 뿐"이고 말한다. 아이들의 마음이 지치지 않은 상태일 때에야 남한산은 '산'의 아름다움과 다채로움을 아이들에게 드러낸다. 어떠한 환경도 절대적으로 좋은 환경일 수는 없다. 아이들은 수년간의 시간을 보내면서 서서히 "산의 아름다움"을 느낀다. 그 아름다움을 느끼는 만큼, 자아가 자라난다.

아이들이 거의 철학자에 가까운 수준의 낱말들로 표현하는 것은, 그렇게 아동기를 보낸 '단단한 자아'들이 마음속에서 소리를 내기 때문이다. 중학교 이후의 생활에서 어려움을 겪지만, 대학에 가서도 갈등 상황에 직면하지만, 아이들이 단단히 쌓은 내면의 목소리는 이렇게 말한다.

> (스펙을 열심히 쌓은) 그들과의 경쟁에서 질 것은 당연할 것이다. 그러나 나는 … 준비과정들이 느리고 더딜지라도 그 시간이 불행하거나 하지는 않을 거라고 확신한다. "제 삶을 제가 행복하기 위해 선택한 결과인데, 현재에 충실히 살아가고 있는데 그게 과연 불행할까요?"
> － 정동녘

> 자신이 자신의 존재성을 인식할 때야 비로소 목표를 세우고 그 목표에 따른 노력들을 할 수 있다고 생각한다.
> - 김대훈

사실, 학부모들은 걱정이 많다. 가차 없는 학력주의 사회에서, 대학입시를 준비하지 않고 놀러다니며 지낸 아이들이 경쟁력을 가지고 있을까? 어린 시절에야 좋아하겠지만, 결국은 후회하게 되지 않을까? 부모들이 죽고 나면 아이들 스스로 먹고살 수 있어야 하지 않을까? 그래서 입시는 '입시교육의 악순환'이라는 연쇄 고리를 만들고, 상급 학교는 하급 학교를 틀지운다. 그런데 이 아이들의 목소리는 이런 상식의 흐름을 끊는다.

> 나는 이 학교에 있는 모든 시간이 배움이었다고 단언한다. 치사하지 않게 이기는 법과 당당하게 지는 법은 그 어느 교과서에서도 배울 수 있는 게 아니다.
> - 김성은

> 분명 '남한산'은 나에게 모든 역경과 고난들을 외면하고 부정하는 것을 가르쳐준 것이 아니라 그러한 힘든 과정을 극복하는 원동력을 주었던 것이다.
> - 김대훈

부모들의 생각을 훨씬 웃돌지 않는가? 아이들은 '입시'가 아니라 '인생'에 대한 자신감을 펼치고 있는 것이다. 그리고 이어서 많은 부모들에게 이렇게 외친다.

> 학부모들은 자녀들이 과연 무엇을 좋아하며 무엇에 관심 있으며 무엇에 흥미를 두고 있는지 알고 있을까? 아마 아이들 스스로도 잘 모를 것이다. … 그러나 아예 변화하기를 멈추기보다는 조금씩이라도 이렇게 자극을 주며 의식을 깨는 움직임들을 계속 시도하면서 문제 제기를 하고, 이를 통하여 문제를 인식하는 이들이 늘어가게 된다면, 해결 방법은 반드시 나타날 것이고 교육의 변화는 실현될 것이다.
> - 정동녘

> 아마도 이 책을 읽고 계시는 많은 분들이 아이가 있는 분들일 것이다. 우선 A4 용지와 가장 빠르게 쓸 수 있는 연필을 준비하고 천천히 왼쪽 가슴에 손을 얹고서 아이를 떠올리며 그저 느껴보자. 그 후 부끄러움·슬픔·미안함·후회·양심의 소리까지 하나도 놓치지 말고 듣고 생각해 보자. 우리 애만 잘되기를 바라지는 않았는지, 잘 먹고 잘 싸고 잘 자는 것만 해도 스스로 할 일을 다 하는 것인데 재촉하거나 욕심을 부리지는 않았는지.
> - 이정

많이 부끄럽다. 부모가, 시민단체가, 양심적인 지식인이 해야 할 말을 아이들이 한다. 어른들이 아이들의 발판으로 깔아 주었어야 할 교육의 텃밭을 아이들이 가꾸자고 제안한다. 곰곰이 돌이켜보면, '헝그리 정신'에 내몰려 입시경쟁에서 살아남아야 했던 것이 우리네 어른들의 삶이었고, 그래서 마음 안에는 불안이 가장 크게 자리 잡고 있다. 사실은 어른들이, 생존경쟁과 불안에 위축된 어릴 적 상태에서 아직도 벗어나 있지 못하다. 불안의 감염 속도는 전염병보다 빠르다. 아이들이 전염되지 않게 우선 거리를 둘 일이다. 스스로의 평안을, 그리고 스스로의 행복을 어른들이 우선 찾아야 하는 상태다.

4.　　　얼마 전, 멋진 건축물을 소개하는 프로그램에서 자연의 아름다움을 만끽하도록 설계된 전원주택을 보았다. 1층의 각 방은 방안에서 호수와 산을 감상하도록 족자와 액자처럼 길쭉하게 창문을 내어놓았고, 2층의 베란다는 일부러 막아 벽을 만들고, 중간마다 문처럼 구멍을 내었다. 놀라웠다. 막힘 사이로 펼쳐진 자연이, 아무런 가림막 없는 자연 그 자체보다 훨씬 더 아름다웠다. 그것이 문화의 아름다움이구나 싶었다. 자연 그대로에서 조금 더 나아가, 자연과 조화를 이루되 사람들의 미적 쾌감을 증폭시키는 배치와 구성과 설치.

　교육도 사실은 크게 다르지 않다. 자연적 본성을 그대로 인정하면서 그것이 가장 아름다운 상태로 피어날 수 있도록 돕는 것. 남한산초등학교 선생님들은 학교터인 '산'을 귀히 여기되 그 산을 그저 산으로 방치하지 않았다. 적절한 가림막을 쳐서, 산은 휴식터이자 학습자원이자 상담센터이자 아름다움의 근원이 되게 했다. 그 산에서의 경험이 아이들의 근성이 되도록 도왔다. 한 분도 뵌 적이 없지만, 남한산초등학교의 선생님들은 충분히 기다려주되 내버려두지 않고, 가림막을 적절히 만들어주되 적절한 숨통을 틔워놓는 순간의 미학을 아는 분들일 것이다.

너무나 많은 '보통' 학교들에는 숨통을 틔울 공간이 없다. 가림막은 폐쇄 공간이 되고, 제도는 불안을 강요한다. 사실 악순환의 사이클은 끊기가 쉽지 않다. 그러나 제도가 아니라 사람들이 나선다면, 변화는 의외로 손쉽게 시작될 수 있다. 이 책은 단순한 성장기가 아니라, 누구나 아프게 곱씹어 보아야 할 아이들의 '몸에서 나온 진리'들이다. 학부모에게, 교사에게, 그리고 정책 관계자에게 던진 이들의 말이, 교육을 꿈틀대게 할 밀알이 되기를 바란다.

2012. 7. 30

차 례

프롤로그 4

김성은
'남한산'이
우리에게 준
'특권'
16

정동녘
'지금 삶'에서
행복을 찾아가는
것을 배우다
52

권새봄
온몸으로
배우고 함께
달리다
88

김대훈
치열했던
놀이의 흔적이
소중한 기억
126

이재경
내가 원하는 것을
배울 수 있게
한 학교
152

이 정
자연이 주는
느낌 그대로
자유로운 삶을 찾아
182

김찬울
세상 소리의
매력에 빠져들게
한 학교
212

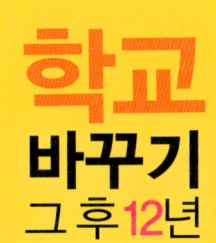

에필로그 **246**

'남한산'이 우리에게 준 '특권'

김성은

"너 전학 갈래?"

"어디로?"

"남한산초등학교라는데, 산꼭대기에 있는 작은 학교야. 아이들이 없으면 폐교된대."

"응. 갈래."

찰나의 결정이 인생을 송두리째 바꿔놓을 수 있다는 것

이 네 마디가, 내가 남한산초등학교로 전학 오기까지 과정 전부다. 때는 2000년 겨울. 당시 초등학교 3학년이었던 나는 생텍쥐페리의 〈어린 왕자〉에 나오는 보아뱀 그림을 물어보는, 선생님의 질문에 정답은 "코끼리"라고 말했고, 수재 '낙인'이 찍힌 뒤 다시는 첫 번째로 발표를 할 수 없었다. 상심이 컸던 난 그때부터 학교가 싫었다. 그런 와중에서 엄마의 제안은 실낱 같은 희망이자 한줄기 빛과 같았다.

그렇게 해서 가게 된 남한산초등학교

굽이굽이 산에 난 도로를 따라 한참 달리니, 식당들 사이에 좁은 길이 나있고, 그 길을 따라 들어가니 운동장에 옛날 건물 하나가 보였다. 이곳이 "남한산초등학교"란다. 흰 눈이 내 무릎까지 쌓여 있고, 교실 안 기름 난로 연기가 조심스레 피어올라 오던, 그 풍경

● 처음 들어선 '남한산'에는 흰 눈이 내 무릎까지 쌓여 있고, 교실은 난로 연기가 조심스레 피어 오르고 있었다.

이 '나의 첫 남한산'이었다.

　행복했다… 그저 행복했던 기억밖에 없다. 운동장을 오롯이 덮은, 그 차가운 솜이불을 내가 다 가져도 괜찮은 유일한 곳이었고, 그것은 남한산이 내게 처음으로 준 선물이었다.

　'남한산'에서 첫 수업은 모둠끼리 '이글루'를 만드는 일이었다. 그때 나는 이곳이 마냥 천국인 줄 알고 좋아했었지만, 지금 생각해 보면 참 '남한산다운' 수업이었다. 어떻게 해야 상상 속 그 아늑하고 완벽한 이글루를 만들 수 있을지, 각기 모둠들은 머리를 굴리기 시작했다. 3학년부터 6학년까지 스무 명 혹은 서른 남짓은 되었을까. 그 인원이 다섯 모둠 정도로 나뉘었던 것 같다. 준비해 온 반찬통으로 눈을 퍼 담아 이글루를 만드는 모둠이 있었는가 하면(우리 모둠이 택한 방법이다.), 어떤 기막힌 모둠은 해변에서 모래성 쌓듯이 그냥 눈을 쌓아서 제법 집의 형태까지 갖추기도 했다. 결과적으로 정상적이고 완벽한 이글루를 만든 모둠은 딱 한 모둠이었고, 그 모둠은 알맞은 크기의 직사각형 모양 반찬통으로 눈을 퍼 담아 이글루를 완성했다. 이 모둠만 이글루를 완성할 수 있었던 까닭은 딱 두 가지였다. 협동심, 그리고 인내!

　딱딱하고 덜컹거리는 나무 책상과 의자만이 내가 공부해야 할 곳은 아니라는 것, 그리고 이글루를 만들었던 반나절의 시간이 도덕책 한 권에 적힌 내용보다 협동심과 인내의 뜻을 더 잘 설명해줄 수 있다는 사실을 고작 10살 된 평범한 여자아이가 깨달았다. 또한

● 치사하지 않게 이기는 법과 당당하게 지는 법은 그 어느 교과서에서도 배울 수 있는 것이 아니다.

그때 그 아이는, 이곳이라면 내 남은 시간을 다 맡겨도 아깝지 않을 것이라고 굳게 믿었다.

내 인생에서 가장 행복했던 시간

4학년 때부터는 어느 정도 아이들이 모여 '학년끼리' 수업하는 것이 가능하게 되었다. 사실 4학년 때부터 6학년 때까지의 기억들과 배움이 지금 내가 나를 기억하는 전부이다. 그러니 하루하루 다른 색깔을 내뿜는 단풍나무 잎처럼 하루하루 다른 색깔의 기억들을 고작 A4용지 10장 안에 채우라고 한다면, 어림없는 일이다.

 들마을부터 강마을, 하늘마을까지 우리에게 일상이라는 것은 계절이 반복된다는 게 전부였다.

● 시냇가에서 '댐'을 만들면서 물놀이를 했다.

   봄에는 수업 시간에 호미 하나 들고 근처 들판이나 돌담 주변에서 쑥이나 달래, 특히나 내가 가장 사랑했던 돌나물을 많이 캤었고, 쉬는 시간에는 운동장 철봉 위에서 봄 햇살을 한가득 쬐었던 기억이 난다. 여름은 우리에겐 최고의 계절이었는데, 오디나무의 오디가 점점 익기 시작하고, 먹으면 안 되는 뱀딸기와 먹어도 되는 산딸기가 제법 불그스름해질 적에(초여름이다) 우리의 주전부리는 주로 이런 산열매들이었다.

   본격적으로 여름이 시작돼 찐 옥수수가 제법 빈번하게 등장할 즈음엔 하교할 때 통학버스를 매표소까지만 타고 오고 거기서부터 성남까지는 등산로를 따라 자주 걸어 내려왔다. 삼삼오오 노래 부르면서 털썩거리는 책가방 소리와 함께 우린 '하교'를 하는데, 성남의 한 초등학교에서는 바로 그 등산로로 소풍을 오고 있었다. 아마도 그 순간이 내가 두 번째로 '남한산' 오기를 잘했다고 뼈저리게 느꼈던 날이었을 거다. 내려가다 시원한 냇가가 보이면 바지를 걷고 바로 물에 발을 담갔다. 하루는 서길원 선생님을 포함해 많은 인원이 그 길로 하산인지 하교인지 한 적이 있는데, 그때 서길원 선생님을 중심으로 등산로 주변의 한 냇가에서 작은 돌을 쌓아 댐을 만들었었다. 주로 이런 기억들이 내겐 동화 같은 일상이었고 그림 같은 평소였다.

그런가 하면 가을은 주전부리가 풍성한 계절이었다. 지천으로 널린 게 밤나무였고 아직 여물지 않은 밤을 따려 돌을 던지다 그만, 그 돌이 김순옥 선생님 차 유리를 깨뜨렸던 적도 있다. 생밤은 따는 일도 만만치 않았지만 까는 게 더 일이었다. 그 무렵 교실 바닥에는 커터 칼로 저며 놓은 밤껍질이 수북했고 나 또한 칼에 베인 상처가 손가락 군데군데 아물기를 기다리고 있었다.

그러나 매일매일 달라지는 가을 나무들의 낙엽색에 취해, 맑고 높은 하늘에 취해, 오재미와 각종 사리 그리고 깡통 차기 등의 놀이에도 취해 그렇게 깊어간 가을은 금세 겨울을 불러냈고, 라디에이터에 모두가 등을 지지고 앉아 공기놀이를 하다 보면 눈이 왔고 방학이 왔다. 눈이 많이 오면 학교에 갈 수 없기에 우리의 겨울방학은 특히 길었다. 길고 긴 방학을 지나 드디어 자동차가 산을 올라갈 수 있게 되었다는 전보가 날아들면 우린 한 살을 더 먹었다. 바로 여기까지가 계절에 따른 우리들의 일상이다.

한편, '남한산'에서의 수업은 어땠는지 많은 사람들이 궁금해한다. 어느덧 졸업을 하고 공교육의 희망으로 '남한산'이 주목받고 있다는 소식은 내겐 긍정적인 일이었지만 사실 어떤 식으로 수업이 이루어졌는지에 대한 답은, 어쩌면 많은 사람들이 원하는 '바로 그 답'이 아닐 수도 있다. 특별한 점이라고 해야 2교시씩 묶어서 블록 단위로 수업을 진행했으며 쉬는 시간이 중간에 30분 몰아서 있었다는 것, 수업에 대한 집중도가 높고 흐름이 끊기지 않는다는 면과 쉬는 시간다운 쉬는 시간을 가질 수 있다는 점에서는 효율적인 시스템이다. 교실 바닥이 장판이었던 점도 수업에 대한 친밀감을 높게 만들었고 ㅁ자 구조의 책상 배열과 끊임없는 토론과 질문도 특별한 점에 속한다. 수업이 정형화되지 않았다는 것은 교실이 한 곳이 아니라 학교 주변 모든 곳이었다는 말이고, 그러나 이것도 우리에겐 엄연히 똑같은 수업이고 배움이었다. 이러한 시스템과 구조, 방법들이 '남한산'의 교육을 '희망'으로 만든 데 한몫하긴 했겠지만 이것들을 그대로 모방한다고 해도 절대 '남한산'에서의 교육이 될 수는 없다. 실망스럽게도.

　'일반 학교'와 '대안 학교'를 모두 경험해본 경험자의 입장에서, '남한산'의 교육은 어쩌면 당연한 교육이다. 학교가 존재하는 이유가 '학생들이 알기 위함'이지 '교사들이 가르치기 위함'에 있지 않다는 맥락에서다. 학생들이 배우는 곳은 모든 곳이 교실이고, 학생들이 경험하는 모든 일들이 배움이라는 점에서 '남한산'은 전적으로 배우고 알게 하기 위한 곳이었다. 토론과 질문이 끊임없이 일어날 수 있었던 까닭도 우리가 배우고 알고자 함에 있었다. 그러니 일반 학교에서 가르치기 위한 토론은 '시험용'에 그칠 수밖에 없는 것이다.

'남한산'의 수업이 특별한 이유, '남한산'의 교육이 공교육의 희망이라 거론될 수 있었던 이유, 그건 '남한산'의 교육이 '당연한 교육'이었기 때문이라고, 난 생각한다. 10살엔 10살 다운, 13살엔 13살 다운 교육이 먼저여야 하는데 우리나라 교육은 자꾸 10살 아이보고 왜 15살 아이 수준이 안 되느냐면서 뭐라고 한다. 거듭 강조하건대 내게 '남한산'은 공교육의 '희망'이 아니라 진짜 공교육이다. 이 사실이 전제되지 않는다면 공교육의 희망은 늘 희망으로만 자리할 것이다.

짧게 '남한산'에서의 수업에 대해 언급하자면, 지금의 나를 있게 했던 '남한산'에서의 에너지, 그 근원이 여기에 있다. 들마을, 강마을, 그리고 하늘마을. 아직도 내 정신적 성장의 대부분이 이 시기에 이루어진 거라고 말하는 내게 '남한산' 수업은 어떤 특별한 커리큘럼은 아니다. 다만, 내 나이에 필요한 '당연한' 배움들이 '당연한' 방법으로 이 시기에 이루어졌을 뿐이다.

하늘마을의 하루는 8시 10분 뒷산 산책으로부터 시작됐다. 어차피 산 위인데 또 다시 오를 뒷산이 존재한다는 것이 지금 생각해보면 참 아이러니지만, 하늘마을 아이들 열아홉 명과 안순억 선생님이 함께 오르는 아침 산책은 늘 향기롭고 새로웠더랬다. 나무를 끌

● 아침 산책으로 그날 학교 일과가 시작된다.
우리는 아침마다 안순억 선생님과 함께 뒷산 산책을 했다.

● 남한산초 4학년 때 텃밭을 가꾸었다. 맨 뒤쪽에 앉아서 채소들을 돌봐주고 있는 것이 나다.

어안아 보기도 하고 아지트를 만들기도 하고 어떤 날은 조용히 산소리를 듣기도 했는데, 단 하루도 같은 날은 없었고, 안순억 선생님은 우리들과 하는 아침 산책이 좋다고, 행복하다고 자주 말씀하셨다. 그건 우리 또한 그랬다.

아침 산책을 마치고 8시 30분경 교실에 들어가면 각자의 책상 앞에 머그잔을 올려놓았고 선생님은 따뜻한 잎 녹차를 직접 한 명 한 명 모두에게 따라주셨다. 녹차를 마시고 나면 수업시간이 금방 되었는데, 1블록은 9시부터 10시 반, 중간 놀이시간이 10시 반부터 11시, 2블록이 11시부터 12시 반까지였던 것으로 기억한다. 교실에 빙 둘러앉은 우리들은, 어떤 날은 토론을 불태우고, 어떤 날은 내 글을 쓰고, 또 어떤 날은 발표를 하며, 때로는 모둠을 나누어 머리를 짜내기도 했다. 그렇게 쏜살같이 수업 시간이 흐르고 나면 중간놀이시간에 운동장에 나가 19명이 반을 뚝 잘라서 오징어사리나 오재미, 쥐사리 같은 놀이를 하고 놀았다.

나는 학교에 있는 모든 시간이 배움이었다고 단언한다. 치사하지 않게 이기는 법과 당당하게 지는 법은 그 어느 교과서에서도 배울 수 있는 게 아니다. 술래가 되어 깡통 차기를 하면서 걷는 모습 하나, 눈동자의 깜빡임 하나 보고 그 친구가 누군지 알아맞힐 수 있다는 것은 단순히 오래된 시간만이 가능케 하는 것도 아니다. 놀이가 얼마나 중요하고 당연한 배움인지 알지 못하는 어른들은 뛰어노는 아이들에게 정신 못 차린다고 한마디 한다. 친구가 몇 평짜리 집에 사는지, 부모님이 어느 정도 재력을 갖추고 있는지가 중요한 어른들은 그 친구의 눈 깜빡임을 기억할 정도로 순수하고 진실한 친구 사이는 안중에도 없다. 13살, 바로 이때부터 내 좌우명은 '내가 어른이 되면 다를 것'이라는 말이었다. 개구리가 되어서도 올챙이 적 생각할 수 있는 어른, 그렇기 때문에 세상에 '당연'해야 할 모든 것들을 제자리에 도로 가져다 놓을 수 있는 어른. 그때부터 난 꿈다운 꿈을 꾸기 시작했던 거였다.

6학년 중반기에 접어들면서 안순억 선생님은 적극적으로 우리에게 책을 읽도록 하셨다. 내 인생에서 가장 많은 책들을 읽었던 한 해로 기억한다. 〈나의 라임 오렌지나무〉, 〈내 영혼이 따뜻했던 날들〉, 〈나는 빠리의 택시운전사〉, 〈슬픈 나막신〉, 〈위대한 개츠비〉 등의 책들은 아직도 내 가슴속에 감동의 울림으로 남아있다. 독서와 함께 희망자들을 모집하여 스터디그룹도 진행했다. 많은 숙제들이 리포트 형식이었고 그때부터는 돌아가면서 프레젠테이션 수업도 꽤 했었다. 지금 생각해보면 그때 선생님은, 훗날 우리에게 재산이 될 공부들, 즉 독서도 리포트도 발표도 하나씩 준비시키셨던 게 아니었을까 싶다.

바람 부는 한겨울 허술한 새 둥지 하나에 몸을 의지하고 있던 19명의 우리들을 바람도 눈도 막아주시며 품으시다 따뜻한 봄이 되면 햇살 한가득 받도록 둥지를 열어주신 안순억 선생님. 하늘마을 단체로 하동 차밭에 내려갔을 때, 한적한 도로 한가운데 스무 명이 누워 밤하늘의 그 셀 수 없는 별들을 바라보았던 그날 밤을 선생님은 기억하실는지. 그 별을 보며 내 옆에 누운 친구를 생각하고 내 훗날을 상상했던 그 밤이 아직도 내겐 양분이 되어 힘을 주고 있는 걸 보면, 선생님이 자주 쓰셨던 말마따나 '주옥 같은' 나날들이 내 인생에 있었다는 사실에 참 감사할 따름이다.

'남한산 출신', 그 영광스런 이름표

6학년 때의 중요한 과정 중 하나는 진로를 결정하는 일이었다. 이미 3~4명의 아이들이 이우중학교 진학을 생각하고 있었고 나도 그중 한 명이었다. '남한산'을 잊지 못해서, 아니 어쩌면 '남한산'과는 전혀 다른 배움이 있을 '일반' 중학교에 발을 들이고 싶지 않아서 대안 학교 진학을 생각했고 당연히 그 길이 내 길인 줄 알고 있던 나였다. 그런데 생각이 바뀌었다. 일반 중학교 진학을 마치 거대한 파도나 쓰나미처럼 여기고 두려워했던 내가, 어느 날 나를 시험해보고 싶단 생각이 들었던 것이다.

사실 '남한산'은 너무 작았다. 경쟁이라는 단어를 배울 나이도 아니었지만, 경쟁 구도가 생겨날 조건도 갖추지 못했을 만큼 무척 작고 평화로웠다. 하지만 나는 결국 이 나라의 모든 내 또래 아이들과 경쟁을 하며 살아갈 테고, 그러기 위해선, 뒤처지지 말아야 했다. 내가 우물 안 개구리는 아니었는지, 혹 내가 배운 것들이 다른 아이들이 배운 것들에 비해서 많이 부족하거나 다르지는 않은지. 갑자기 그런 노파심이 왜 들었었는지는 지금도 이해하지 못한다. 하지만 그때 난 '남한산'에서의 배움이 절대 뒤떨어지거나 낮은 수준의 것이 아니라는 사실을 입증하고 싶었고, 해서 내가 '일반' 교육을 받은 보통 아이들보다 뛰어나다는 사실을 증명해야 한다고 생각했다. 그렇게 나는 과감히 대안 중학교 진학을 포기했다. 그리고 집에서 가장 가까운 청솔중학교를 배정받았다.

중학생이 되어 반 배정 시험을 치르는데 처음 보는 문제지 형식에 당황하여 몇 문제 풀지도 못하고 끝나버렸다. 당연히 시험 결과도 좋지 않았고 그때 상당한 충격에 휩싸였다. 다른 아이들이 대충 끝냈다고 말하는 '선행'의 '선' 자도 나는 따라가지 못하고 있었다. 그리고 난 첫 번째 중간고사를 치렀다. 평균이 간신히 80점을 넘어섰던 점수에 난 좌절하고 말았다. 그리고 결심했다. 내 진짜 시험은 지금부터라고.

그 후로 우리 반에서는 수업 시간에 질문이 끊이질 않았다. 단연 나 때문이다. 선생님의 질문에 유일하게 내 목소리로 대답하는 아이도 나 하나였고 질문 없느냐는 선생님의 물음에 있다고 손든 아이도 나 하나가 유일했다. 처음엔 다른 친구들이 나를 잘난 척하는 모범생이나 나대는 성격의 아이 정도로 생각했던 것 같다. 그러다가 진짜 친구들이 생기기 시작하면서 한 친구가 내게 물었다. 왜

● 중학교 졸업식 사진. 나 때문에 우리 반에서는 수업시간에 질문이 끊이질 않았다.

그렇게 발표를 많이 하느냐는 거였다. 나는 그 질문에 당황했다. 왜냐고? 궁금하니까. 더 알고 싶으니까. 다른 아이들이 질문하지 않는 이유가 실제로 다 알고 있어서 그런 건지, 모르면서도 창피해서 손을 들지 않은 건지는 모르겠지만 내겐 손들고 발표하고 내 목소리를 내는 수업 시간이 당연했기에 한 번도 이상하다고 생각한 적이 없었는데, 그 모습이 다른 아이들에겐 희한한 풍경이었나 보다. 그런 생소한 반응에 난 또다시 충격에 휩싸였다. 그렇게 내 중학교 성적은 나의 첫 다짐대로 상승세를 타기 시작했다. 2학년 때부터는 반에서 1등, 2등을 다투었고 2학년 2학기부터 내 전교 석차는 500명가량의 아이들 중에서 18등 아래로 떨어진 적이 없었다. 혹 자기 자랑으로 보일 수 있을 것 같은 노파심에 언급하는 것이지만, 분당의 그 많은 중학교 중에서 내 성적은 사실 뛰어난 것도 아니었고 '남한산'에서부터 등수에 연연하지 않았던 게 습관이었기 때문에 '내가 이 정도 했다'고 드러내기 위해 이 글을 쓰는 것은 아니다. 다만, 절대 '남한산'에서의 배움이 일반 학교에서 공부한 다른 아이들과 비교해서, 우리나라 모든 학생들과 비교해서도 뒤떨어지거나 경쟁력이 없진 않다는 이야기를 하고 싶은 것이다. 오히려 '남한산'에서의 공부하는 습관이 중학교 때 혼자 공부하는 습관으로 이어졌기에 내겐 참 다행스러웠다.

고등학교 진학에 대해 본격적으로 고민하기 시작했던 건 중학교 2학년 때부터였다. 그때쯤이면 이미 특목고나 외고 진학을 희망하는 친구들은 다 결정을 내린 상태였고, 자사고 진학을 위해서도 2학년 때부터는 '맞춤형' 공부에 들어가야만 했다. 아직 '남한산'의 그늘과 '남한산' 출신이라는 이름표에서 벗어나지 못했던 시기였지만 고등학교 선택이 얼마나 중요한 건지는 잘 알고 있었다. 며칠, 몇 주, 몇 개월의 고민 끝에 결론을 내렸다. 대안 고등학교. 후보는 이우고등학교와 한빛고등학교 둘 중 한 곳이었다. 당시 이중 지원을 할 수 없는 규정이 있었기에 두 곳 중 한 곳에만 지원할 수 있었고, 그때부터 또 수개월의 고민을 하기 시작했다. 내가 대안 고등학교로 마음을 굳혔던 이유는 딱 두 가지였다. 첫째는 나 자신을 시험하고 싶어 일반 중학교로 왔지만, 이곳에서 내가 우물 안 개구리가 아니었다는 사실이 입증되었기 때문이다. 또한, 중학교 수업은 무미건조하기 그지없었다. 둘째는 일반 초등학교를 나와 일반 중학교를 나온 대다수의 학생들에게서 느낀 문제의식 때문이었는데, 나와는 다르다고 느낀 가장 큰 문제점은, 그러한 대다수의 아이들이 꿈이 없다는 사실이었다.

　하늘마을 때부터 내가 갖기 시작한 꿈은 언론인이었다. 아까 말했던 것처럼 나는 '다른' 어른이 되고 싶었고, 나를 통해서, 나와 같은 '다른' 사람들을 통해서 이 사회 또한 달라지길 바랐다. 어른들이 아이들을 보호하지 못하고 아이들이 어른들을 믿지 못하는 사회가 바로 내가 살고 있는 세상이었다. 해서 그 사회를 바꾸는 일의 주축이 되기 위해서는 먼저 다른 이들에게 세상을 보여주는 창구, 언론에 종사하는 것이 필요하다고 생각했다. 시작은 거창했으나 어찌 됐건 말과 글을 좋아하는 나에게 언론인이라는 꿈은 10년 동안 지켜온 소중한 것이었다. 우리 '남한산' 아이들 모두, 제각기 다른 방향과 꿈을 가지고 그렇게 살았다. 그런데 중학교 때 만났던 대부분의 아이들에게 꿈은 어느 고등학교나 대학교가 전부였고, 자신이 무엇을 위해서, 무슨 일을 하면서 살아가야 할지에 대해서는 아무 생각도 하지 못하고 있었던 것이다. 아무린 꿈도 없으면서, 자신이 앞으로 이 세상에서 어떤 역할을 하고 싶은지에 대한 생각도 없으면서 막연하게 하고 있는 공부는 아무런 의미가 없는 게 아닌가. 적어도 대안학교라는 좀 더 '특별한' 커리큘럼 안에 사는 아이들에게 삶의 목적이란 당연한 것이었기에 난 고등학교만큼은 무의미한 경쟁보다 목적 있는 이들의 경쟁이 가능한 고등학교를 선택하고 싶었다.

　결국, 난 한빛고등학교를 선택했고, 다행히도 합격했다. 사실은

'남한산'의 고등학교 판을 기대하고 갔는데, 막상 가보니 '남한산'과는 또 다른 분위기였다.

적절한 통제 안에서의 자유로운 기숙사 생활, 정말 가족보다 더 가족 같은 친구들과의 동고동락, 마음껏 공연하고 즐길 수 있는 동아리축제와 체육제·예술제, 강으로 산으로 떠나는 체험학습, 그리고 아빠, 엄마라고 부를 수 있는 선생님들. 생각해보면 이 모든 게 우리 한빛고 아이들만 누릴 수 있는 고등학교 생활이었고, '그깟' 대학입시를 위해 3년을 버리는 대한민국의 모든 고등학생처럼 살 수는 없다는 내 지론과 그대로 맞아떨어졌던 것도 사실이다. 그러나 한빛고가 가진 한계를 경험할 수밖에 없었던 건, 대학입시라는 커다란 관문 앞에서 그 어떤 고등학교도 자유로울 수 없다는 사실 때문이었다.

그야말로 우리가 살아 숨 쉬고 있다는 걸 느끼게 해준 고등학교 생활에도 불구하고, 우리는 대학입시를 배제할 수 없는, 아니 오히려 대학진학을 위한 공부가 우선이었다. 정규 교과과정과 대학입시 공부가 잘못되었다는 것은 아니다. 다만 '대안'이나 '특성화'와 같은 자유로운 밑그림이 그려진 곳에서 대학입시 위주의 수업은 크레파스 위에 어색한 붓질 같았고, 우린 우리가 만들어가는 자유로운 삶과 한편으론 죄어오는 대학입시의 관문. 이 모순된 두 마리의 토끼를 동시에 잡아야만 했기에 거기서 오는 한계 또한 동시에 느낄 수밖에 없었다. 예비 고등학교 1학년 때부터 모의고사만

줄기차게 풀어온 다른 일반계 고등학생들과 비교하면 우린 1학년 때까진 모의고사의 '모'자도 몰랐고(고등학교 3학년들에게만 해당되는 건 줄 알았다), 2학년 때는 1년에 3~4번 정도 풀어보고 나서 '이게 뭔지 알겠다!' 싶을 그때 3학년이 되어 수능 준비를 했으니, 냉정하게 말하면 상대가 되지 않는 셈이었다. 하지만 우리의 대한민국은, 고등학생 누구에게나 대학을 갈 수 있는 '공평한' 길을 열어주기 위해서 수능이라는 제도를 만들었다. 그리고 결과적으로 내게 대학이 왜 필요한지, 나를 위한 대학은 어디인지, 나의 가치를 알아봐 줄만 한 곳이 있는지, 시를 쓰고 싶은 내가 수리 영역에서 마지막 3문제를 풀지 못하면 대학조차 들어갈 수 없는 것인지. 아무것도 묻지도 알지도 못한 채 '요즘 고졸 학력으로는 밥 벌어먹기도 힘들다'라는 말 한마디에 낙심이 돼 수능 준비를 하는 대한민국 고3들을 만들어냈다.

어떤 사람들은 대안 학교를(엄밀히 말하면 인문계 특성화 학교다) '꼴통 학교', '공부 못하는 아이들이 자유를 원한답시고 매일 놀기만 하는 학교', 혹은 '대학의 다른 전형을 노리는 학교' 정도로 생각하기도 한다. 그런가 하면 어떤 사람들은 '반정부, 반교육부, 반보수적인 혁신학교', '자유분방한 학교'로 인식하고 있다. 대안 학교에 대한 인식들이 제각각인 데에는 물론 학교의 정체성을 그 학교의 구성원조차도 제대로 그리지 못하고 있다는 데 일차적으로 책임이 있겠지만, 학교의 정체성을 명확히 하지 못하게 하는 갖가지 한계들이 너무 많다는 것도 원인이다. 다른 학생들과 다른 커리큘럼 안에서 다른 수업을 받고 다른 생각을 갖고 살아가지만, 결국 같은 방법으로 같이 시험을 치르고 대학에 가야 하는 구조. 이 구조 속에서 혼란을 갖지 않고 올바른 방향만을 설정한다는 것은 어쩌면 불가능한 일일지도 모르겠다. 소위 말하는 'IN서울', '명문 대학'에 가지 않으면 공부 안 하는 '꼴통' 학교이고, 이렇다 내놓을 수상경력과 갖가지 스펙들이 없으면 별 볼 일 없는 아이가 되는 현실 속에서 대안 학교 또한 같은 잣대로 평가받고 있는 지금, 가장 힘든 건 학생들이다. 오늘 하루도 그 두 마리 토끼를 잡기 위해 고군분투하고 있을 아이들 모습이 어째서 내 눈에만 선한 걸까?

한때는 그 고3들 중에 나도 하나였었고, 그렇게 안타깝고 아쉽게 그러나 또한 행복하게 고등학교 생활을 마쳤다. 드디어 수능 당일. 1등급대의 내신 성적에도 불구하고 이렇다 할 스펙도 없고, 명문 고등학교의 학생도 아닌 나를 조명해주는 대학교는 없었다. 결국, 수능에 모든 걸 걸어야 했다. 하지만 수능시험 역시 썩 잘 치진 못했다. 그렇게 하루 종일 시험을 보고 나서 이렇게, 이 하루에 나의 3년이 묻어간다는 생각이 들었다. 내가 고등학교 3년을 잘 보냈는지 그렇지 않은지는 이 하루에 다 결판이 나는 거였다. 그렇기에 이번 결과의 뒷맛은 쓰디쓰기만 했다. 남들이 말하는 명문대에 들어가지 못해서 느끼는 패배감이 아니다. 나 자신에게 약속했던, 그래도 나 스스로 가고 싶다고 생각했던 바로 '그' 학교에 들어갈 수

● 나는 남한산초등학교 시절부터 언론인이 되겠다는 꿈을 가지고 계속 노력하고 있다.
ⓒMBC

없을지도 모르기 때문에 느끼는 패배감이었다. 때문에 한때는 차라리 일반계 고등학교에서 다른 아이들과 똑같은 시간, 똑같은 노력을 투자해 공부했다면 대학입시 성적은 훨씬 좋았을 거라는 돌이키지 못할 과거의 푸념도 늘어놓았었다. 하지만 부모님도, 다른 사람도 아닌 나 스스로 선택한 내 길을, 그리고 포기할 수 없는 내 학창시절들을 난 결코 후회하지 않는다. 조금은 힘들게 선택하고 또 천천히 걸어왔지만, 대학이라는 관문도 넓게 보면 결국 내 최종 목적지로 가는 길에 들른 하나의 과정에 지나지 않는다고 믿기 때문이고, 내가 걷는 모든 발자취가 결국 '다른 어른'이 될 나를 만드는 과정이 될 거라고 생각하기 때문이다.

'남한산' 졸업을 얼마 앞두지 않았던 어느 날, 안순억 선생님이

안순억 선생님 말씀처럼,
전설이 될 수 있을까?

6학년 때 할아버지 나무에서 말뚝박기를 하던 모습이다.
맨 오른쪽에 있는 여자 아이가 나다.

나를 두고 이런 말씀을 하셨다.

"아이야, 너는 이 학교의 전설로 남을 것이다."

어떤 생각으로 그런 말씀을 하셨던 건진 몰라도 내겐 깊게 박혀 뽑을 수 없는 화살처럼 가슴으로 평생 간직하고 사는 선생님의 한마디다. 평범하기 이를 데 없는 작은 여자 아이에게 그 말은 '너는 커서 훌륭한 사람이 될 거야'라는 말보다 몇천 배는, 아니 형용할 수 없을 만큼 값진 것이었다. 그때부터, 아니 사실 아직도 나는 '남한산'의 전설이 될 거라는 선생님의 말씀을 실현시키기 위해 노력하고 있는 중이다. 어쩌면 언론인이 되어, 기자가 되어, 아나운서가 되어 누군가에게는 모델이 되고 누군가에게는 위로가 되어 잠깐의 '전설'로나마 살아가게 될 거라고 믿는다. '남한산 출신'이라는 영광스런 이름표. 그 이름표는 지금까지도 날 따라다니고 있다. 앞으로의 내 삶에 어떠한 굴곡들이 있을지, 어떠한 장애물들이 기다리고 있을지 아직 모르지만, 그리고 그것은 분명히 존재하겠지만 수십 번 경로를 이탈해도 목적지가 한번 정해지면 포기를 모르는 내비게이션처럼 목적지가 정해진 나 또한 포기를 모르는 사람으로 성숙해 갈 것이다. 그리고 그때까지도, '남한산 출신'이라는 이름표는 날 따라다닐 것이다.

대학생, 이십 대, 그리고 어른 …

2010년 3월. 처음으로 '대학생'이라는 수식어를 달았다. 학생이라는 말이 따라붙으면서도 동시에 내 모든 부분을 책임져야 하는 성인이고, 또한 동시에 이십 대라는 인생에서 가장 찬란한 시기의 문턱을 밟는 순간이었다. 대학교에서 중요한 것은 내가 어느 고등학교를 졸업하고 과거에 어떻게 살았었는지가 아니었다. 중요한 것은 딱 하나. '앞으로 어떻게 할 것인가?'였다. 그런 의미에서 대학교 입학은 새로운 출발이자 삶의 두 번째 전환기에 누른 리셋(Reset) 버튼과 같았다.

밑에 글은 내가 단국대학교 언론영상학부에 입학하고 처음으로 나를 소개할 때 제출했던 과제다.

단국대학교 언론영상학부 10학번 김성은입니다. 언제부턴가 '무슨 대학교 무슨 학부 몇 학번'이 나라는 사람을 말해주는 전부가 되었다는 사실. 이름과 숫자가 중요해진 우리 사회에서 이 같은 사실이 당연한 것일지도 모르지만, 다소 슬프고 유감스런 마음은 비단 저뿐이 가지고 있는 건 아니리라 생각합니다.

스무 해를 살았든, 여든 해를 살았든 중요한 것은 몇 년을 살았느냐는 숫자가 아닙니다. 그 사람이 어떤 사람이었고, 그 삶이 어떠했는가를 표현하는 그 '존재감'이 남아있느냐는 것이죠. 지금부터 여러분은 한 소녀의, 아니 이제는 어엿한 성인이 된 한 사람의 인생 이야기에 집중하게 되실 겁니다. 아주 재미있는 이야기는 아닐 테지만요.

때는 1991년 3월 24일 새벽 5시 즈음. 양수가 미리 터지며 동반된 진통으로, 출산한다는 기쁨보다 죽고 싶을 만큼의 고통을 먼저 선물했던 아기는 2.5kg이라는 얼토당토않은 작은 몸집으로 이 세상에 첫발을 들여 놓습니다. 아이가 없던 집안에 모처럼의 경사였고 그때부터 남동생이 태어나기 전까지는 그 작은 아기가 온 집안의 중심이었죠. 아이는 무럭무럭 자랐고, 아이 키우는 집에서 한 번씩은 겪고 넘어간다는 실종사건에 골절과 타박상과 찰과상은 기본, 첫아이 특유의 똘똘함에 여느 부모님들과 같이 '내 아이 영재 아닌가'하며 초등학교 1학년 때는 학원 8개를 돌렸더랍니다. 다행히 아이가 영재가 아님이 밝혀지자 3개로 줄었지 만요. 97년 시작된 IMF 경제위기는 급류를 타기 시작해 전국으로 침투하였고 거기에 아이의 집도 예외는 아니었습니다. 2년 정도의 반지하 생활을 간신히 청산하고 할머니, 고모들 모두 모여 성남의 한 주택으로 이사를 할 수 있었던 건 참 감사한 기적이었죠. '국민학교'가 초등학교로 변모했던 혼란스러웠던 그 시기. 소위 '일반' 초등학교에서 3년 정도 집단생활을 경험한 아이는 슬슬 획일화된 교육과 점수 매김에 물리기 시작했고, '너 전학 갈래?'라는 엄마의 간결하고 단순한 질문 하나. 아이는 지금의 선택이 자신의 인생을 달라지게 할 몇 안 되는 기회임을 직감합니다.

초등학교 3학년 겨울. 그러니까 2000년 12월입니다. '남한산초등학교'는 정말로 남한산성 꼭대기에 있었으며 거주지를 변경해서 전학하지 않으면 폐교의 위기에 처할 뻔한, 위태롭기 그지없는 시골학교였습니다. 700m 산꼭대기에는 겨울이면 솜이불보다 몇 곱절은 더 두꺼운 '눈 이불'로 덮였고, 생애 처음 본 진짜 사람만 한 눈사람, 그리고 플라스틱 반찬 통으로 이뤄 낸 '이글루의 기적'으로 아이는 이 학교의 매력에 푹 빠져버렸죠. 그때부터였습니다. 전교생이 100명도 안 되는 그 작은 학교에서, 스무 명 남짓 되는 같은 학년이자 같은 반인 아이들과 3년을 동고동락하며 졸업하기까지. 계절별로 열리는 오디, 산딸기, 밤, 앵두가 아이들의 주전부리였고 체육 시간은 깡통 차기와 쥐사리, 해바라기사리, 동그라미사리, 다방구 같은 놀이로 시간을 보냈으며 아침 산책 후 마시는 잎 녹차 한잔은 아이에게 숫자보다 자연을, 이득보다 친구를 먼저 가르쳤습니다. 그리고 참교육. 공교육의 희망이라 불리는, 지금은 유명해진 그 학교가 아무런 주목도 받지 않을 때, 그만큼 순수하고 정말 있는 것 하나 없이 시작했던 그때, 새싹이 하루가 다르게 자라는 것처럼 아이는 감당하기가 벅찰 만큼의 성장을 경험했습니다. 인생의 절반을 남한산에서 보냈고 다시 그 절반은 남한산에서의 에너지로 살겠다는 생각. 아이의 글에 '주옥같다'라는 표현을 참 많이 쓰셨던 담임선생님이 '아이야, 너는 학교의 전설로 남을 것이다.'라는 감히 상상 못할 과찬을 들었던 그 날, 아이는 스스로 다짐하고, 또 약속합니다. '저는 어른이 되면 다를 겁니다. 개구리가 되어서도 올챙이였던 때를 기억할 줄 아는 그런 어른이 될 겁니다.'라고 말입니다. 13살 때부터 아이는 언론인이 되겠다는 꿈을 갖습니다.

  작은 초등학교를 나와서 행복했음에도 마음 한 켠 두려움과 조바심이란 것이 존재하는 것을 발견하고 중학교는 '일반' 중학교에 다니기로 결심했습니다. 남한산에서의 교육이 우물 안 개구리가 아닌, 다른 아이들보다 훨씬 더 깊고 정확한 시야를 만들었음은 성적으로 증명이 되었고, 남은 건 고등학교 진로에 대한 선택이었습니다. 인문계 고등학교로 진학할 것인가 대안 고등학교로 진학할 것인가. 남한산에 대한 그리움에 중학교 2학년 때 마음을 굳힙니다. '한빛고등학교.'

  대안 학교, 아니 정확히 말하면 인문계 특성화고등학교. 기독교 색채도 강했던 이곳은 사람들이 손가락질하는 '그런 곳'이 아닙니다. 인가 대안 학교로서 인문계와 같은 교육을 이수하지만 입시 위주의 교육을 위해 체육과 미술과 음악 수업을 빼버리는 몰상식한 행동은 절대 하지 않는 곳. 아이들이 뭘 하고 싶은지가 아이들의 성적이 뭘 할 수 있게 만드느냐보다 중요한 곳. 아이들의 성장통만큼이나 아픈 성장을, 그리고 의미 있는 성장을 하는 그런 곳. 모의고사 하루보다 며칠의 자연 체험학습으로 지리산을, 섬진강을, 통일 생태기행을, 농활을 우선시하는 곳. 한빛 고등학교는 이런 곳이었습니다. 그러나 어느덧 십 대의 끄트머리에 선 아이, 아니 소녀는 절감하게 됩니다. 대한민국의 고등학교는 바뀔 수 없는 제도 안에 틀어박혀서 입시가 아니면 그 의미가 세상엔 무의미한 것으로밖에 보이지 않는다는 것을요. 고3이 돼서야 너무나도 생소한 '모의고사'에 집중하게 되었고 여느 수험생과 같은 모습으로 돌아가야 했습니다. 너무 늦었다는 건 알았지만 후회하지 않았죠. 대학을 위해서 3년을 버리는 짓은 적어도 안 했으니까요. 그만큼 행복했고 고등학생인 그 시절의 '나'는 살아 있었습니다. 내 꿈이 숨을 쉬고 있었어요. 대부분의 대한민국 고등학생이 가지길 포기했던 그 꿈을.

  2010년. 소녀는 어엿한 성인이 되어 대학에 입학합니다. 꿈은 아직 변하지 않았고 열심히 달려가고 있는 중이죠. 이제는 내면을 표현하는 '내 글'보다 리포트를 더 많이 쓰고, 이전보다는 현실과 더 닮아있는 모습이지만 지금도 저는 제가 걸어온 길이, 또한 앞으로 걸어갈 길이 특별하리라는 것을 믿어 의심치 않습니다.

비록 스무 해일지라도 내 삶의 벅참을 다 표현하는 것이, 내 자취를 내 과거를 다 드러내기가 참 쉽지가 않은 일입니다. 몇 번을 압축하고 또 압축하는데도 말이죠. 이제 저는 다시 이십 대의 인생을 써 내려갈 것입니다. 얼마나 꺾이고 얼마나 좌절할진 모르지만 꿈이 있고 사람이 있고 추억이라는 비축된 힘이 있기에 겁먹지 않을 겁니다.

다시 읽어보니 지금 쓰고 있는 이 글과 별반 다를 것 없는, 조금 축소했을 뿐인 내용이다. 그러나 이 내용은 지금으로부터 몇 년이 지나도 십 년이 지나도 변함없을 거라는 데에 장담한다. 이것이 나의 삶이었고, 이것이 나의 행복했던 기억이고, 이것이 나의 전부이기 때문이다.

'남한산' 때부터 그렇게 바랐던 어른이 되었다. 이제는, 그러나 모순적이게도 난 아직 어른이 아니다. 어른으로서 뛰어야 할 400미터 경주, 그에 앞서 마지막으로 리허설이라는 준비 기간만이 주어져 있다. 이제는 '특이했던' 과거를 지나 남들과 똑같은 출발선상에서 달리기를 해야 할 때다. 내가 어떻게 살아왔는지가 아닌 지금부터 남들과 다르게 어떻게 살아갈 것인가를 써야 할 차례다.

어느덧 입학하고부터 삼 년째 접어들고 있는 지금. 두 번의 대학 수석과 한 학기 동안의 교내 방송국 생활, 6개월 간의 지역 신문사 인턴 생활과 다섯 차례의 지상파 보도국 견학을 했고 현재 계속 준

- 다시 찾은 남한산에서 봉선화를 만나다.
  들마을부터 강마을, 하늘마을까지 우리에게 일상이라는 것은 계절이 반복된다는 게 전부였다.

비 중인 KBS 한국어능력 시험과 토플, 그리고 DELE(스페인어 자격증) 시험이 남아있다. 또한, 각종 시험 준비와 함께 2012년 1년은 휴학을 하고 학원에서 아르바이트를 하며 유럽 8개국 배낭여행을 계획하고 있다. 3년 후 나는 지역 언론사에 취직 후 경험을 쌓거나 어쩌면 바로 지상파나 케이블 방송사에 취직하게 될지도 모른다. 어떻게 보면 남들과 똑같이 스펙을 쌓고 취업을 준비하고 있는 중이지만 여전히 나는 목적지를 향해서 가고 있는 중이고 목적지에 가까워지고 있음을 자신한다.

이십 대가 끝난 후 나는 한 사람의 아내가, 한 아이의 엄마가 될 것이다. 그 아이에게 나는 책을 쓰는 엄마로 기억되고 싶고 엄마의 어린 시절을 들려주면서 그 행복했던 추억을 아이에게도 고스란히 물려주는 엄마가 되고 싶다. 엄마는 '다른 어른'이 되기를 꿈꿨다고, 네가 커서도 '다른 어른'이 되었으면 좋겠다고, 세상이 아무리 같은 어른을 강요할지언정 네가 할 수 있는 만큼만 다른 생각을 가지고 행복하게 살았으면 좋겠다고 말해주고 싶다.

글을 마무리하면서

졸업한 지 9년이 지난 2012년에 '남한산' 출신인 우리들을 재조명한다는 사실이 처음엔 많이 부담스러웠다. '남한산'이라는 그 특별한 곳을 졸업해서 지금 어떻게 살고 있나, 많은 사람들의 눈과 기대에 부응하고 있는가를 점검하고자 하는 것 같은 느낌이 강하게 들었고, 그에 비해서 내가 지금 살고 있는 모습은 너무나도 초라하고 부족하기 때문이었다. 그 어떠한 결실도 없는 스물두 살에 '남한산' 졸업생으로서 다른 사람들이 내게 바라는 모습은 무엇인가 생각해 볼 때, 우리들의 손으로 입으로 출간되는 이 책을 통해 '남한산'과 우리를 바라보는 시각이 조금은 달라졌으면 하는 바람을 갖게 되었다. 내가 다른 이들이 말하는 어떤 성과나 결과를 갖췄기 때문에, 혹은 '남한산' 출신으로서 다른 사람들이 갖는 기대에 부응했기 때문에 이 글을 쓰는 것이 결코 아니다. 우리가 새롭게 조명 받는 이유는 우리가 충분히 성장하고 성숙할 수 있도록 양분이 되어준 '남한산', 그리고 '남한산'을 통해 얻게 된 우리의 내적 열매 때문이라고 나는 보고 있다.

명문대학교에 들어가 장학금을 받고 좋은 직장에 취업해 부유하게 살고 명예가 높아지는 것이 '남한산' 졸업생으로서의 특권이나 모습은 아니다. 그렇게 살기 위해 '남한산'을 들어갔던 것도 아니다. 지금 당장은 사람들이 봤을 때 '정도(正道)'가 아니더라도, 나 스스로 대학교가 필요하면 선택하고 나 스스로가 장학금이 필요하면 노력하듯이 나 스스로 내 인생을 만들어 가는 것. 그 책임과 목적의식이야말로 '남한산'이 우리에게 준 특권이 아닐까 싶다.

이 특권으로 인해 지금 우리는 행복하다. 치열하게 살아도, 또 조금 부족하게 살아도 행복하다고 말할 수 있을 만큼의 용기는 있다. 문득 느껴지는 일말의 감사함을 갖고 살 수 있다는 것이 또한 고마운 일이다. 사람은 모두 자신의 행복을 위해서 살아가니까 어떻게 보면 우리는 참 잘살고 있는 중이고 앞으로도 잘 살아가리라 믿고 있다.

김성은 2001학년도 4학년 2학기 겨울에 전학을 왔다. 남한산초등학교 첫 수업은 눈 내리는 겨울날 '이글루'를 만드는 것이었다.

'지금 삶'에서
행복을 찾아가는
것을 배우다

정동녘

'착한 아이' 증후군을 치유해준 남한산초등학교

내가 남한산초등학교를 다닌 것은 5학년 때부터이다. 연도로는 2000년도부터 다니기 시작했는데, 내 기억으로는 2000년도부터 남한산초등학교의 교육 틀이 바뀐 것으로 알고 있다. 이전까지의 남한산초등학교는 말 그대로 시골의 학생 수 별로 없는, 폐교를 앞두고 있던 그런 학교였다. 자세한 사정을 정확히 알지는 못하지만 교장 선생님께서 새로운 교육을 시작하려고 하셨고 그러한 이야기들이 '참교육학부모회'에 전해지게 되었는데, 마침 어머니께서도 그러한 교육에 관심이 많이 있으셔서 정보를 입수하게 되셨다고 한다. 어머니께서는 매우 도덕적이시고 유교적인 분이셔서 교육에 지대한 관심을 가지고 계셨는데, 공부를 잘하나 못하느냐의 교육이 아닌 사람의 됨됨이를 가장 중요하게 생각하시는 분이시다. 그런데 마침 또 집안의 형편상 부모님께서 맞벌이를 하셔야 하고 할머니께서는 매우 편찮으셔서 수업이 늦게 끝나는 남한산초등학교를 선택하셨다고 한다. 우연인지 행운인지 그런 상황에서 전학을 오게 되었는데 이 선택으로 인해 나의 인생은 크게 변하게 되었다.

4학년 때까지는 일반 근거리 배정의 공립학교에 다니다가 전학을 가게 된 남한산초등학교는 모든 것이 새롭고 신기하고 낯설었다. 같은 반에 아이들은 10명밖에 없고, 오전에만 수업하고 오후에는 다른 활동들을 하는 그런 학교의 모습이 학교 다닐 때에는 마냥 철없이 공부 덜하니까 좋았다고 여겼지만, 지금 와서 생각해보면 정말로 좋고 귀한 시간이었다.

김철수 선생님은 내가 남한산초등학교에서 처음 만난 담임 선생님이시다. 선생님께서는 인자하시고 수업보다는 이야기를 나누는 것을 좋아하셔서, 수업하시다가도 "졸리는데 잠이나 깨러 뒷산에 산책가자"고 자주 말씀하셨고, 산책하면서 선생님과 주고받았던 대화들은 어린 시절 저희의 좋은 인격을 형성하는 데 큰 도움이 되었다. 대화의 주제나 우리에게 들려주시고 싶으셨던 내용들도 좋은 내용들이었다.

그렇지만 그보다도 좋았던 것은 우리에게 일방적으로 말씀만 해주시는 것이 아니라 말씀하신 것에 대해 우리들의 생각을 하나하나 물어보셨던 것이었다. 논리적이지도 않고 정리도 되지 않은 우리의 대답들을 쳐내시지 않고 다 들어주시고 공감해주셨던 것들이 우리에게 좋은 양식이 되었다. 우리에게 계속해서 생각하는 힘을 길러주시고, 또 서로의 의견이 다를 때도 많았는데 그때마다 우리의 언어를 잘 다듬어 주셔서 서로가 다를 수 있음을 인정하며 이해하는 방법도 배울 수 있었다. 무엇보다 우리의 말을 들어주셔서 우리의 존재가 인정받고 있다는 느낌을 받았다. 자아존중감이 회복되는 시간이었고, 그래서 너무 감사하게 생각하고 있다. '이 세상에 틀린 생각은 없다. 다만 서로 다른 것이다.'라는 생각을 저희에게 가르쳐 주셨다. 수업 시간에 발표에서 틀려도 당당하게 할 수

● 5학년 때 학교 정문 앞에서.
옆에 있는 여자 아이는 동생 민지.
나랑은 네 살 차이이고,
6년 내내 남한산초등학교를 다녔다.

있게 되고, 오답을 말하더라도 "참 좋은 답변이지만, 이 문제가 요구하는 정확한 답은 아닌 것 같아."라는 뉘앙스로 인정해 주셔서 우리는 서로 발표하고 싶어 했으며 계속해서 스스로 생각하게 되는 자세를 가지게 되었습니다.

또 선생님께서는 개인적인 상담을 자주 해 주셨다. 선생님께서는 저희 집안 형편이 어려운 것을 알고 자주 나에게 내 마음을 물어봐 주시곤 하셨다. 당시 나는 5학년밖에 되지 않았지만, 집안

'지금 삶'에서 행복을 찾아가는 것을 배우다

● 5학년 때 같은 학교 친구들이 함께 찍었던 사진. 앞줄 오른쪽 맨 끝에 있는 아이가 나다. 나는 이 시절 '착하지 않으면 사랑받을 수 없다.'는 마음을 가지고 있었다.

사정도 그렇고 장남인데 동생도 같이 남한산초등학교를 다녀서 내가 실질적으로 동생을 돌보는 입장이었던지라, 나에게는 늘 '책임'이라는 짐이 있었다. 빚 갚으려고 힘들게 일하시는 부모님께 더 짐을 지우고 싶지 않아서, 힘든 감정을 늘 억누르고 있었고, 집안일과 동생을 돌보는 일 등의 궂은일도 마다치 않았다.

철이 일찍 들었다기보다는 일명 '착한 아이 증후군'이었다. 착한 아이 증후군(The Good Child Syndrome)이란 어린이가 '착한 아이'라는 소리를 듣기 위해, 혹은 스스로 '착한 아이'가 되기 위해서 스스로 내면의 욕구나 소망을 억압하는 말과 행동을 반복하는 것을 뜻한다. '착하지 않으면 사랑받을 수 없다'는 강하고도 두려운 마음이, 일 때문에 늘 바쁘신 부모님에게 원하는 만큼 사랑받지 못한다고 느끼는 감정이 나에겐 계속 있었고, 사랑받고 싶다는 마음 때문에 착한 아이처럼 되었다. 이런 나에게 나의 감정을 계속해서 물어봐 주시고 위로해 주셨던 선생님이 계시지 않으셨다면, 나는 나의 감정을 모른 채, 속인 채 살아왔을 것이다. 슬프거나 힘들 때는 울어도 되고 화날 때는 화내도 된다고 하시면서, 제가 울적해 보일 때마다 드라이브도 시켜주셨던 그런 김철수 선생님이 나에겐 너무나 기억에 남는 분이시다.

6학년 때 담임 선생님은 안순억 선생님이다. 남한산초등학교의 가장 중심에 있던 선생님이라고 해도 과언이 아니고, 남한산초등학교 하면 딱 떠오르는 인물은 안순억 선생님이라 하여도 그 누구

● 5학년 여름방학 선무도를 배우는 캠프에 갔을 때 사진이다.
맨 오른쪽 앞에서 신이 나게 달리고 있는 아이가 나다.

● 1교시는 늘 산책과 다도로 시작을 했던 기억이 아직도 인상 깊다. 말이 없는 무언 산책이 끝난 이후에는 교실에서 다도를 하면서 생각과 기분을 서로 나누었다.

도 부정하지는 못할 정도로 교육에 대해 정말 열정과 뜻이 있으셨던 분이시다.

  1교시는 늘 산책과 다도로 시작을 했던 기억이 아직도 인상 깊다. 이때 산책은 무언 산책이었고, 산책이 끝난 이후에는 교실에서 다도를 하면서 산책할 때 들었던 생각들이나 기분들을 나누었다. 이때마다 한 사람 한 사람의 이야기를 들어주시고 또 우리도 다른 이들의 이야기를 듣게 하시면서 우리의 인성을 길러주셨다. 그리고 이런 대화의 시간 때 선생님께서 해주신 귀한 말씀들은 우리의 인격을 형성하는데 정말 큰 영향을 주셨다. 사춘기이고 가치관이 혼란스러운 때의 우리들에게 정말 진지하게 성(性)에 관한 이야기를 자주 해주시기도 하고, 친구들 사이의 서로의 다름을 이해하고 존중하고 배려하는 법을 가르쳐 주셨다. 우리가 욕을 할 때에도 선생님은 단순히 억압적으로 "안 돼! 욕하지 마!"라고 하시지 않고 그 욕의 어원과 담고 있는 의미를 설명해 주시면서 그 말이 정말 얼마나 상대방을 경멸하는 상스러운 것인지 알려주시곤 하셨다. 그때 이후로 나는 정말 그 영향으로 지금까지도 욕을 거의 하지 않고 살고 있다.

수업 시간에도 우리 의견을 많이 물어보시곤 했다. 예를 들어 사회나 도덕 과목을 공부할 때에는 어떤 하나의 정의를 설명해주신 이후에 "그것에 대해 너희는 어떻게 생각하니? 동의하니?"라고 물어보시고, 찬반이 갈리게 되면 서로 토론을 하게도 하시면서 수업을 진행하셨다. 과학이나 사회를 배울 때에도 무언가 특별한 케이스가 하나 소개되면, 그것에 대해서 무조건 설명해주시지 않으셨다. 누군가 한 명을 정해서 "내일까지 인터넷이나 책을 통해 그것에 대해 알아보고 와서 소개 좀 해주렴." 하시고 우리에게 스스로 그것에 대해 공부하고 이해할 수 있게끔 하시곤 하셨다.

이러한 공부법들은 현재 우리나라가 지향하는, 대량의 지식을 단기간에 습득해야 하는 공부법과는 많이 다르다. 그래서인지 나는 대한민국이 원하는 학생의 인재상과는 거리가 멀었다. 즉, 성적이 우수한 편은 아니었다. 하지만 나는 이런 학습이 개인적으로 큰 도움이 되었다. 이렇게 선생님이 내주시는 숙제 아닌 숙제를 하며 내가 어떤 생각을 하고 있는지, 또 내가 어떤 분야에 관심이 있고 흥미가 많은지를 알게 되는 귀한 1~2년의 시간이었다.

개인적인 이야기를 조금 해보면 나는 6학년 때 이런 학습 방법을 통해 내가 잘하는 것과 좋아하는 것을 알게 되었고, 이때부터 나의 진로를 내략 정하게 되었다. 나는 과학에 흥미가 있다는 것을 알게 되었고 특히 우주에 관심이 많다는 것을 알아 중학교에 올라가기 전부터 'NASA'나 '항우연(한국항공우주연구원)'에 가고 싶다는 꿈을 가졌다. 물론 흥미와 적성은 별개의 문제라서 지금은 연구원보다는 지구과학 교사를 준비하는 중이긴 하지만, 대학의 전공을 결정하기까지 나는 진로에 대해서 많은 고민을 하지 않았다.

게다가 논술전형에서 우선 선발로 합격한 학생으로서 그 자긍심이 굉장히 높은데, 그 이유는 나에게 일반적인 학습 방법이 아닌 스스로 생각해보고 이해하는 공부법을 가지게 해준 '남한산'의 교육이 큰 도움이 되었다고 생각하기 때문이다. 앞에서 말씀드린 바와 같이 나는 대한민국이 원하는 그런 학생이 아니다. 주는 대로 받아먹어 소화시킬 수 있고, 많은 양을 소화시킬 수 있는 그런 학생을 선별하는 수능이라는 관문 앞에서 나는 한 없이 작은 사람이다. 나는 그런 공부보다도 내가 원하는 공부를 중·고등학교에서도 계속해왔다. 어떠한 문제나 새로운 개념을 접할 때, 특히 이과 수학이나 과학에서 새로운 것들을 익힐 때, 단순히 외우려 하기보다는 그것이 과연 무엇을 설명하는 것인지, 어디서 도출된 것인지, 그 공식이 어떻게 유도된 것인지에 대해 스스로 알아보고 공부하였다. 많은 사람들이 수학이나 과학을 암기 과목이라고 말하지만, 그것은 잘못된 생각들이다. 한국의 교육이 이해 과목들을 암기 과목으로 변질시킨 것뿐이다. 덕분에 나는 수능을 잘 보지는 못했지만, 논술에서는 우선 선발로 합격할 만큼 잘할 수 있었다.

이 책을 읽는 독자분들이 대부분 학부모님이실 것 같아서 한 말씀 올린다. 대부분의 대학이 정시 모집 선발 기준에서 수능의 비율을 줄이고 있다. 과거에 대학들이 수능 성적이 좋은 학생들을 뽑았지만, 대학이 원하는 인재는 그중에서도 손에 꼽을 만큼밖에 없었기 때문이다. 대학에서는 스스로 공부하고 스스로 이해하고 스스로 자신의 것을 찾아 먹어야 한다. 공식을 잘 외우는 아이들, 그래서 수능 점수가 월등히 좋은 아이들보다도, 그 결과가 어떻게 추론되었는지에 더 관심이 많고 그 근본을 이해하고 있는 아이들일수록 대학에서 배우는 새로운 개념을 잘 이해하고, 고찰하고 응용하기를 잘한다는 것이다.

아이들이 어떤 한 분야에서 그 근본을 이해하려는 모습을 보려면, 그 분야에 정말 관심이 있고 흥미가 있고 좋아해야만 할 수 있는 것이다. 그런데 학부모들은 자녀들이 과연 무엇을 좋아하며 무엇에 관심 있으며 무엇에 흥미를 두고 있는지 알고 있을까? 아마 아이들 스스로도 잘 모를 것이다. 그리고는 마냥 수능성적에 맞추

- 힘쓰는 작업은 남자 아이들끼리 다 한다고 생각했는데, 보이지 않는 곳에서 여자 아이들도 자신의 역할을 감당하고 있었다.

어 대학에 진학하고 졸업해서 일반 사무직종에 근무하는 사람이 될 것이다.

그러나 지금 중요한 것은 아이들의 성적이 아니라 아이들의 적성과 흥미다. 사람이란 자고로 행복을 추구하는 동물이다. 그런데 세상은 우리가 좋은 대학에 다니고 좋은 직장에 다니고 돈을 많이 벌면 행복할 수 있다고 말한다. 나는 이 말에 동의할 수 없다. 한 달에 얼마를 준다 할지라도 내가 싫어하는 일을 꾸역꾸역 하기보다는, 한 달에 얼마 되지 않는 돈밖에 벌지 못할지라도 내가 좋아하는 일을 하며 사는 것이 더 행복한 삶이 될 거라고 나는 자신 있게 말할 수 있다. 그리고 그렇게 살 것이라고 말하고 싶다. 지금도 늦지 않았다. 아이들에게 여러 가지 경험할 수 있는 기회를 주시기 바란다. 무언가를 경험해 보지 못하면 그것에 대해서 흥미가 있는지 적성이 있는지 알 수가 없다. 그리고 그 무언가를 할 때, 정말 아이가 잘하고 즐거워한다면 학부모님들께서도 마음이 더 편하시지 않을까?

내 이야기를 더 해보자. 하루는 선생님께서 나를 갑자기 글쓰기 대회에 보내셨던 적이 있었는데, 그게 내가 처음으로 글을 써본 경험이었다. 그때까지만 해도 나는 글을 써볼 수 있는 경험이 없어서 작문을 잘하는지 좋아하는지를 알지 못하였다. 그런데 글을 써보니 글을 쓴다는 것이 생각보다 재미있었다. 그 경험은 나에게 나를 알게 하는 시간이 되었고, 실제로 대학에서도 교내 글쓰기 공모전

- 교정에 나무를 심었다. 우리의 키를 나무에 표시했었는데, 나무의 성장 속도와 우리들의 키 크는 속도를 재는 것이 우리의 하루 일이기도 했다.

에서 몇 차례에 걸쳐 수상한 경력도 있다. 나에게 이런 소질이 있다는 것을 알지 못했다면 그런 공모전 등에 참여하지 않았을 것이고, 이번 집필도 수락하지 않았을 것이다. 객관적이고 절대적인 기준에서 글쓰기 소질이 있다고 검증된 것은 아니다. 그것과 별개로 내가 글쓰기 등 창작 활동에 흥미가 있기 때문에 이렇게 글을 쓰고 있는 것이다. 그런데 또 그렇게 좋은 경험만 있던 것도 아니다. 하루는 선생님께서 나를 또 어딘가로 데려가시더니 사생 대회에 참가시키셨다. 평소에 그림 그리는 것과 만화를 좋아해서 자신만만하게 도전했었지만, 나는 정말로 그림에는 소질이 없다고 판명되었었다.

남한산초등학교에서 공부만 한 것은 아니었다. 여러 가지 활동들이 오히려 일반 교과 수업보다 더 많았다. 그러나 지금부터 말하려는 내용도 우리가 알고 있는 형태의 학습법이 아닐 뿐 교육의 일환으로 여겨진다.

아직도 있는지 잘 모르겠지만, 한번은 교정에 나무를 심었다. 그 때는 힘들고 여자애들이 잘 도와주지도 않고 짜증이 나기도 했지만, 막상 일을 다 하고 나니 뿌듯한 마음이 가슴에 많이 새겨졌다. 이 나무를 심은 직후에 우리의 키를 나무에 표시했었는데, 나무의 성장 속도와 우리들의 키 크는 속도를 재는 것이 우리의 하루 일과이기도 했었다. 그리고 며칠이 지난 후에 안 일이지만 힘쓰는 작업은 대부분 남자 아이들끼리 하였지만, 보이지 않는 곳에서 여자 아이들도 자신의 역할을 감당하고 있었다는 사실을 알게 되고, 협동, 협력이라는 것이 무엇인지 배울 수 있었던 시간이었다. 사실 이러한 것들을 경험할 수 있는 활동은 굉장히 많았고, 이를 통해 개인주의적인 생각보다도 서로를 의지하고 또 도와주고 협동하는 공동체가 얼마나 의미 있는지를 깨달을 수 있는 시간이었다.

산속 아지트도 비슷했다. 뒷산에 선생님은 모르시는 곳에 우리들끼리 아지트를 만들어서 가끔 가서 우리끼리만 놀고 즐겼던 기억이 있다. 그때에는 왜 그렇게 노는 것이 재미있었을까? 또 방학 때 오두막을 만들었던 적도 있다. 초등학생이 그 커다란 오두막을 만들기란 정말로 쉽지 않은 작업이었다. 처음에는 이걸 정말 우리들 힘만으로 할 수 있는 것이겠느냐는 막연한 두려움과 불안함이 있었지만, 다 같이 마음과 힘을 모으니까 정말로 할 수 있었고 협력할 때에 그 능력이 두 배, 세 배가 아니라 제곱, 세제곱이 된다는 것을 배웠다. 이런 경험 등을 통해 같이 수고하고 같이 땀 흘렸던 기억들이 우리의 유대를 형성하는 데 큰 도움이 되었고 서로 더 친밀해지는 시간이 되었던 것 같다. 우리가 심은 나무를 보면서, 아지트에서 그냥 수다만 떨면서, 오두막에서 낮잠만 자더라도 우리 마음이 즐거웠던 이유는 이런 유대감 때문이라고 생각된다.

5학년 때에 고학년들은 다 같이 사물을 배웠다. 실력 향상보다는 소리를 통해 서로의 단합을 맞춰가는 그런 시간이었는데, 50여 명이 같이 연주하는 그런 자리에서 정말 단결되지 않으면 그냥 소음으로만 들리기 때문에 함께 하는 것이 중요하다는 것을 몸으로 느끼는 그런 시간들이 되었다. 빠른 사람이 느린 사람에게 빨리 따라오라고, 연습 좀 하라고 하는 것이 아니라, 정말 잘하는 사람이 느린 사람의 속도에 맞춰가며 소리를 만들어가는 시간. 학교에서는 이렇듯 경쟁을 통한 공부보다는 협력하여 선율을 이루는 법을, 그것이 더 효과적이라는 것을 배워왔다.

'시험'이라는 지옥을 헤치며 과학의 재미를 발견하다

중학교를 선택할 때에는 전적으로 부모님 의견에 따라 진학하였다. 어머니께서는 나와 동생에게 정말 좋은 교육환경을 마련해주고 싶어 하셨다. 그러나 세상과 분리되는 것에 대해서는 조심하셨다. 나도 인제 와서야 드는 생각이지만 세상의 부조리함이나 모순된 모습과 구별되어야 하지만 또한 세상과 분리되어서는 안 된다고 생각을 많이 한다. '나만 아니면 돼'라는 이기적인 모습들 또한 세상의 부조리한 모습이고 그렇게 살면 오히려 더 독이 된다는 것을 배워왔기 때문이다. 어머니께서도 중고등학교까지도 대안학교만 다니게 되면 세상에 적응하지 못하지 않을까 하는 염려가 되셨나 보다.

  실제로 중학교부터 적응하기가 힘들었다. 수업은 단지 성적을 평가하기 위한 것이었고, 시험에 내기 좋은 것들을 위주로 이루어졌다. 남한산초등학교와는 너무 차이가 많이 났고, 그래서 힘들었다. 물론 초등학교 때도 교과서로 기초 교과를 공부하기는 했지만, 너무나 많이 달랐다. '남한산'에서 교과 공부는 선생님이 가르쳐주신 것이 생활하는 데 도움이 될 수 있기에 배웠다면, 중학교부터는 배우지 않으면 안 되기 때문에 배웠다라고 볼 수 있다. 즉, 동기부여가 안된 상태로 학습을 진행해 나간 것이다. 초등학교 때에는 내가 더 알아가고 싶고 다음 수업 시간이 기다려지는 마음 상태였다면, 중학교 때에는 내가 왜 이것을 공부하는지 알고 싶었지만, 수업 시간이 끝나길 기다리는 마음 상태였다. 심지어 이 궁금함에 대해서는 어떤 선생님들도 해답을 주지 못하셨다. 단지 수업 시간이 시작되었으니 수업을 시작하셨고, 수업 시간이 끝났으니 수업을 그만하셨다. 수업에 목적은 단지 많이 배워서 많이 익혀서 좋은 성적으로 좋은 고등학교에 가는 것뿐이었다. 그런데 옆에 아이들은 그런 목적에 맞게 잘 살아가고 있는 것이 아닌가! 좋은 성적을 위해 시험에 나올 만한 것 위주로 정리하고, 암기하고, 학원에 다니며 공부들을 하는 아이들의 모습을 보며 나와는 다름을 느꼈다. 나는 오히려 이러한 수업 방식 때문에 학업에 흥미가 떨어져 수업 시간 외에는, 숙제 외에는 일절 학교 공부를 하지 않으며 학교에 다녔다.

그렇게 약 두 달이 지나고 찾아온 1학년 1학기 첫 중간고사는 나에게 충격적인 기억으로 남는다. 남한산초등학교 때에는 시험이라는 개념 자체를 잊을 정도로 시험을 본 기억이 없다. 물론 우리가 어느 정도 알고 있나 확인해보는 학업테스트 정도는 했었지만, 중고등학교 때처럼 그런 의미의 시험은 아니었던 것이다. 등수가 중요한 것이 아니고 단지 선생님께서 우리를 파악하는 정도로만 사용되었다. 그래서 더더욱 중학교 첫 시험은 내게 색다른 경험이자 체험으로 기억된다. 책상 배열 간격을 떨어뜨리고, 같은 반 학생 중 절반은 다른 학년 반에 가서 시험을 보고, OMR 용지라는 답안지에 답을 체크해야 하는, 그런 것들이 나에게는 모두 처음 보는 신기한 광경이었다. 심지어 나는 답안을 체크할 때 컴퓨터용 사인펜으로 마킹해야 한다는 것을 시험 당일에 처음 알았고, 컴퓨터용 사인펜도 그날 처음 보았다.

시험이라는 것이 우리의 역량을 시험(test)해보는 것이고 그래서 안타깝지만 이러한 방법으로 진행되어야 한다는 사실에는 어쩔 수 없었지만, 가장 큰 아픔이 되었던 것은 등수로 사람이 평가되어야 한다는 사실이었다. '남한산'에서는 누구는 무엇을 잘하고, 누구는 무엇에 재능이 있으며, 누구는 무엇에 소질이 있다고 평가를 받은 반면, 이제부터는 누가 1등이고 누가 그다음이라고 평가되는 것에 짜증이 났다.

그러나 나도 사람인지라, 세상에 평가되는 자신의 모습을 끌어올리기 위해서 수단과 방법을 가리지 않는 반 아이들을 보면서 나도 같이 불안해지고 초조해졌다. 난 이런 방법으로는 공부하기

● 고등학교 시절, 나는 지구과학 과목을 좋아했다. 사교육을 안 받은, 첫 번째 이유는 '진짜' 암기를 못하기 때문이었다. 특히 외국어 영역은 싫어했던 기억이 남아 있다.

싫은데, 다른 아이들은 다 이렇게 하고, 학교와 선생님과 심지어 친구들마저도 오직 등수로만 사람을 판단해버리니 같이 불안해져 한동안 휩쓸려 공부를 하기도 했다.

나는 '남한산'에 다닐 때에는 이런 대우를 받아본 기억이 없는데, 이곳에서의 나의 존재는 단순히 반 10등이었다. 그것이 너무 싫었다. 나의 존재가 굉장히 하찮게 평가되는 것이 마음에 들지 않았다. 그래서 나도 좋은 대우를 받고 싶다는 생각에 1학년 내내 그래왔던 거 같은데, 바뀌어버린 환경도 적응이 안 될뿐더러 이러한 종류의 스트레스는 처음이라 많이 예민해져서 성적이 좋지는 못했다. 그래도 그중에서 과학 공부는 스스로 혼자 하기를 멈추지 않았다. 무엇보다도 과학이라는 과목은 늘 재미있었고, 막연하게 과학고등학교를 가고 싶다는 마음이 있었다. 그렇게 하고 싶은 공부만 하게 되고 잘 적응하지 못한 채 중학교 시절이 지나가니, 당연한 결과이지만 과학고등학교에 진학을 할 수 없었다. 이때 처음으로 입시에 대한 실제적인 고찰을 하게 되지 않았나 싶다. 우리나라에서는 원하는 공부만을 하기 위한 환경을 선택하기 위해서는 원하지 않는 다른 공부들도 다 잘해야 한다는 사실을 자각한 것이다.

이런 사실을 뒤늦게 알게 된 나는 일반 고등학교로 진학한 후에 흔히들 말하는 입시 공부를 시작하게 되었다. 그동안 하기 싫어했던 공부들도 내가 원하는 대학의 학과에 들어가서 원하는 공부를 하기 위해서는 해야 한다는 그런 동기가 부여되니 조금은 열의가 생겼다. 그렇다고 해서 성적이 그전보다 월등히 잘 나왔다거나 공부가 재미있었다는 것은 아니다. 여전히 등수로만 사람이 평가되고 각자의 개성은 무시되는 환경 속에서 살아남기란 적응하기 어렵고 쉽지 않았지만, 하고 싶은 공부가 있기에 헤쳐나갈 수 있었다는 것이다.

그렇게 시작된 고등학생 시절은 오로지 공부를 위한 공부를 하는 시간들로 사용되었다. 그렇게라도 공부를 하니 성적이 점차 오르기는 하여 3학년 때는 그래도 원하는 학교들의 원하는 학과에 지원할 수 있을 정도의 성적이 되었고, 과학고등학교를 지원할 수 없었던 중학생 때와는 달리 나는 지향하는 목표가 있고 가고 싶은 학과가 있었기 때문에 그 시간들을 견디며 공부를 할 수 있었다. 그러나 옆에 친구들을 볼 때에 그들은 정말 무엇을 위해 살고 무엇을 위해 공부하는지를 모르는 아이들이 많았다. 일단 지금은 성적을 잘 받고 그다음에 전공 선택의 폭이 넓어지니 그때 가서 선택하겠다고, 심지어 선생님들께서도 상담을 하시면서 아직 뚜렷이 하고 싶은 것을 찾지 못한 아이들에게 일단은 공부하고 수능 시험이 끝난 이후에 찾아보자고 하셨다.

'한국 교육이 이렇게 흘러가서 과연 제대로 된 인재가 몇 명이나 나올 수 있을까?', '정말 이렇게 살아서 행복할까?'라는 생각들을 해보게 되는 모습들이었는데, 실제로 내가 한국 교육에 대해 아쉬움을 많이 느꼈던 것이 바로 고3 때 친구들의 모습을 보면서였다. 다르게 생각한다면, 이들은 정말 실제적인 생각들을 가지고 있었다고 표현할 수도 있겠다. 나는 정말 실제적인 측면은 고려하지 않으면서 단지 내가 더 공부하고 싶은 분야를 공부하기 위해 진학했을 뿐이다. 실제로 내가 우주과학과를 진학한다고 했을 때, 많은 사람들이 돈벌이도 되지 않고 비전도 없다며 말렸었다. 그런 부분에서는 내가 우둔하고 저들이 현명한 자로 판단될 수 있다고 생각하지만, 교육의 진정한 가치는 돈벌이가 아니기 때문에 이런 개념들을 조장하고 학생들의 생각을 조장하는 사회나 현실이 맘에 들지 않는다. 우리가 삶을 영위하기 위해서는 경제적인 필요가 있는 것은 사실이지만 사람이 돈으로만 사는 것이 아니며, 돈이 우리의 삶에 전부가 된다는 것은 너무나 끔찍하고 슬픈 현실이라고 생각이 된다. "세상이 먹고 살기 힘들고 어려운 걸 어떻게 해?!"라는 말이 더 이상 변명이 아닌 현실이 되어버린 이 시대에서 살아가고 있는 우리지만, 그렇다고 어쩔 수 없다는 말만으로는 이런 풍조를 바꿀 수 없다. 그렇기에 진정한 교육의 개혁이 일어나야만 한다고 생각하며 현재 내 모습들을 이야기하려 한다.

행복지수가 올라가는 한국을 바라며

근래 들어 학교는 기업이 요구하는 물품을 찍어내는 공장이라는 표현이 나오고 있다. 그리고 사회는 이러한 인식 자체를 우리가 하지 못하도록 하기 위해 예능, 오락 등을 통해 우리를 바보로 만드는 것 같다. 한국 사람들이 게임이나 메신저, 술, 클럽, TV 예능, 연예인 등을 좋아하는 이유가 바로 이런 스트레스들을 조금이나마 잊으면서 살고 싶기 때문인 것 같다.

　현재의 교육적 시스템과 운영방침은 일제강점기를 막 벗어난 한국이 경제적 성장을 이룩하기 위한 최적의 수단이었으며, 그로 인해 한국이 이만큼이나 성장할 수 있었다는 사실을 부인하지는 않겠다. 그러나 시대가 변하고 사회가 바뀐 지금까지도 교육이 변하고 있지 않다는 사실은 큰 문제다. 점점 웰빙(Well-being)을 말하며 삶의 질 향상을 추구하는 세대 속에서 교육은 오히려 시대를 역행하고 있는 사실이 아이러니하다고 생각한다.

우리가 웰빙을 추구한다면 웰빙을 추구하게끔 교육도 변해야 한다고 말하고 싶다. 우리의 삶이 변화되기를 원하면서 정작 삶을 어떻게 살아야 하는 가르치는 '교육'은 변하지 않는다는 것은 있을 수 없는 일이다. 우리 아이들을 위해서 뿐만이 아닌 대한민국의 발전을 위해서도 이것은 필요한 일임이 분명하다. 앞에서 말한 바와 같이 나는 교육의 기능적인 역할을 무시하는 것이 결코 아니다. 한 사회를 발전, 유지시키기 위해서는 현재 모습과 같은 공교육이 반드시 필요하고 사회질서, 통합, 안정을 바라보며 미성숙한 존재인 학생들을 성숙한 교사들이 가르침으로 사회에 필요한 인재를 양성하는 현재의 교육은 분명 중요하다. 그러나 사회 개혁보다는 기존 질서에 안주하면서 고학력화를 부채질하는 경향의 현재 교육은, 급성장이 아니라 삶의 질 향상을 추구하는 현재 사회에서는 맞지 않는 교육법이다.

그리고 현재 한국에서는 학생들의 인지적 측면만 강조하는 교육보다는 인성 교육이나 전인 교육이 더 필요한 시점이라고 생각이 든다. 대안 학교나 혁신 학교 등이 탄생한 것은 기존의 교육과정이

어떻게 하면 대한민국의
행복 지수가
올라갈 수 있을까?

교육에 정의가 살아나기를 바라는 나는
지구과학 교사가 될 준비를 하고 있다.

현재의 한국 사회와 맞지 않음을 보여주는 단편적인 예라고 생각한다. 사회는 시시각각으로 변하고 있음에도 불구하고, 사회의 안정과 유지라는 명목하에 교육의 변화를 거부하는 것은 음모론, 사회 비판론 등을 더욱 확산시킬 뿐이다.

교육이란 정의하기에 따라 다르고 시대와 환경에 따라 변하는 가변적인 것이지만, 참다운 학습이란 개인의 동의하에 이루어지며 살아가면서, 삶과 경험을 통해 얻어지고 학습되어지는 것들이라고 생각한다. 이제는 한국 교육이 재건주의나 실용주의적인 학습의 형태에서 벗어나 포스트모더니즘을 바라보는 교육으로 진보해 나가야 한다는 것이 내 견해다.

에버레트 라이머(Everett Reimer)라는 분이 쓰신 『학교는 죽었다』라는 책이 있다. 그 책에서 말하는 표현을 인용하면, 현재 학교에서의 교육은 국가의 통치에 순종하고 봉사하는 자질을 길들이는 것이라고 비판하고 있다. 하버드대학 교육학 고문이었던 파울로 프레이리(Paulo Freire)라는 분도 이런 말씀을 하셨다. 전통적인 교육이 인간을 수동적으로 만듦으로써 억압을 촉진하고, 침묵의 문화와 은행저금식 교육을 하고 있다고 말이다. 이들의 표현은 조금씩 다르지만 말하고자 하는 것은 하나, 교육에 정의가 살아나야 한다는 것이다. 물론 쉽지만은 않을 것이다. 이와 같은 개선은 전체 사회의 광범위한 변화, 현재 사회의 구조와 체제의 변화, 그리고 이 시대를 살아가고 있는 모든 사람들의 의식의 변화 없이는 이루어질 수 없을 것이다. 그러나 아예 변화하기를 멈추기보다는 조금씩이라도 이렇게 자극을 주며 의식을 깨는 움직임들을 계속 시도하면서 문제 제기를 하고, 이를 통하여 문제를 인식하는 이들이 늘어가게 된다면, 해결 방법은 반드시 나타날 것이고 교육의 변화는 실현될 것이다.

과학 교사를 꿈꾸다

현재 나는 경희대 우주과학과에 4학년으로 재학 중이며, 졸업 준비를 하면서 동시에 진로에 대한 고민들을 하고 있는 중인 예비 졸업생이다. 아직 정확히 어떤 방향으로 확고히 정한 것은 아니지만 나 역시 교육 쪽에 대한 공부를 더 하려고 한다. 일단은 지구과학 교육을 공부할 수 있는 교원대학교의 대학원을 알아보고 있는 중이며, 교사 실무를 10여 년 정도 한 이후에는 교과부나 교육청에서 일하려는 계획을 세우고 있다.

교직에 일하면서 아이들과 인격적으로 소통하며 아이들이 꿈과 열정을 태울 수 있도록 도와주는 사람이 되고 싶고, 그 이후에는 이 거대한 한국의 교육 구조를 송두리째 바꿔보고 싶다는 꿈이 있다. 얼핏 봐서는 아무런 계획도 없는 것처럼 보이며 허무맹랑한 소리로 들릴지 모르겠지만, 이것이 대학교 4학년생이 꾸고 있는 '꿈'

이다. 오래 걸릴 수도 있으며, 할 수 있을지 없을지도 모르고, 현실의 무게와 압박에 짓눌려버릴 수도 있지만, 인간은 꿈을 꾸며 꿈을 향해 사는 동물이지 않을까? 꿈을 꾸지 않는 사람은 죽은 사람과 무엇이 다르겠느냐는 게 내 생각이다. 내가 꾸는 꿈은 한국 아니 세상 모든 교육이 이 본질을 회복하는 것이다. 어린아이들이 꾸는 허무맹랑한 꿈으로 보일지도 모른다. 현실을 이해하지 못하고 하는 소리라고 생각하실 수도 있다. 그러나 꿈꾸는 사람이 그 꿈을 위해 한발씩 나아갈 때에 그 만족감과 행복감은 그 어떤 곳에서도 찾을 수 없을 것이다.

 나는 어리기 때문에 할 수 있는 일들이 그렇게나 많지는 않다. 친구들 만나서 이야기하면서 상담도 해주거나, 과외 학생들에게 공부를 가르치는 일보다도 먼저 꿈을 물어봐 주고 응원해 주고 그걸 위해서 공부하자고 하는 정도밖에 없다. 그리고 교육이 무엇인지 정확히 알기 위해서 교육학 수업을 듣고 있는 것 정도 외에 지금의 저로서는 더 할 수 있는 것이 없다. 그러던 중에 이 책을 쓸 기회가 생겼고, 조금의 고민 끝에 한번 글을 써보며 나의 생각을 정리하고 표현해보기로 결정했다. 물론 매우 힘들다. 대학교 4학년에 재학 중이며, 졸업 논문을 준비하고 있는 사람으로서 글을 쓰면서 내 생각을 정리하고 표현한다는 것은 정말 쉽지 않다. 게다가 나는 캠퍼스 내에서 학생선교단체의 리더를 맡고 있기에 더더욱 쉽지 않은 결정이었다. 시작하기 전에도 당연히 힘들 것이라고는 예상하고 있었다. 그러나 힘들기는 하지만 나에게는 이 작업이 삶에 굉장히 가치 있고 소중하기 때문에, 무엇보다도 재미가 있고 만족함과 기쁨이 있기 때문에 하고 있는 중이다. 작업을 하면서 '힘들지만 꾹 참고 재미없어도 하는 거야'의 태도가 아닌, 힘들지만 내 삶에 정말 가치 있는 일이기에 보람차고 재미있게 이 책을 쓰고 있다. 나는 내 꿈을 위해 내딛는 지금의 이 한 발걸음이 굉장히 자랑스럽고 행복하다.

　학생선교단체를 하는 의미도 내가 책을 쓰는 동기와 그렇게 크게 다르지 않다. 다른 사람들이 보기에 공부에만 집중하기도 빠듯한 시간에 왜 저렇게 실속 있게 행동하지 못하고 바보처럼 사느냐고 생각할 수도 있는 그런 행동이다. 미래는 만들어나가는 것이고 준비하는 자들의 것이 될 것이라는 말에는 동의한다. 그러나 그런 준비들을 그렇게 급하게 할 필요가 있을까 생각해 보자. 빨리 준비하고 빨리 돈 모아서 아무런 염려와 걱정 없이 '미래에' 행복하게 살 수도 있겠지만, 나는 '지금'을 좀 더 가치 있고 행복하게 살고 싶을 뿐이다. 내가 속해 있는 선교 단체의 모토는 '캠퍼스 본래의 기능을 회복시키자'이다. 세상이 주는 거짓 메시지에 속아서 자신이 원하지도 않는, 힘들고 괴로운 삶을 살아가고 있는 학생들을 생각하게 만들어 방황하게 해보고 진정한 자신의 가치를 발견할 수 있게 도와주자는 것이다. '어떻게 살아갈지'를 가르치지 않고 '살아만 있어라.'라고 가르치는 현실 속에서 대학교에서 교육의 본질이 회

● 나는 대학에서 학생선교단체 리더(Leader) 일도 하고 있다.

복되기를 소망하며 운동하는 단체이다.

  이곳에서 활동한다는 것이 나에게는 아무런 사회적 유익이 되는 것이 없으며, 스펙도 아니고 경력도 아니고 학업도 아니며, 미래를 위한 투자도 아니다. 그렇지만 내가 이런 일들을 하는 이유는 내가 이 일을 하면서 정말 행복을 경험하고 있기 때문이다. 자신의 무엇을 위해 공부하는지 고민해보지 않은 후배들을 고민하게 만들며 결국 자신의 길을 걷게끔 도와주어, 세상이 제시한 방향으로가 아닌 자신의 발걸음으로 자신의 삶을 걸어가는 그들의 모습을 보면 매우 뿌듯하고 감동이 든다. 집에서 걱정도 많이 하신다. 장래의 일을 슬슬 도모하지 않아도 괜찮겠냐고 말이다. 물론 부모님의 속을 썩이는 일은 아들로서 할 도리가 아니라고 생각하지만, 부모님도 궁극적으로는 내가 힘들지 않고 행복하게 잘 살았으면 좋겠다는 마음으로 하시는 말씀이 아닐까? 여러분도 자녀를 두신 부모님이시라면, 그렇다면 지금 여러분이 자녀에게 해야 할 말은 '공부해!'가 아닌 '무엇이 하고 싶니?'입니다. 당연히 내 미래는 힘들 것이 불을 보듯 당연한 이야기(明若觀火)이다. 다른 친구들은 모두 그 대학 이후의 삶을 위해서 살고 있지만, 나는 지금 대학생으로서의 삶을 살아가고 있으니 말이다. 그들과의 취업 경쟁에서 질 것은 당연할 것이다. 그러나 나는 미래의 그런 힘든 과정이 기다리고 있을지라도, 내가 대학원을 준비하는 과정들, 교육청이나 교과부에 들어가기 위한 준비 과정들이 느리고 더딜지라도 그 시간이 불행하거나 하지는 않을 거라고 확신한다.

사람이란 불행하기 위해서 살아가는 존재일까, 행복하기 위해서 살아가는 존재일까? 물론 후자일 것이다. 그래서 더욱 지금의 교육을 개편하고 고쳐나가야 할 필요성이 있다. 교육이라는 것은 학습자가 본래 가지고 있는 잠재적 능력, 가능성 및 소질을 계발함으로써 자아실현을 도와주고, 거기서 행복을 얻으며, 그 일들을 통하여 사회 참여를 하는 사람이 될 수 있게 돕는 것이라고 나는 생각한다.

세상은 말하고 있다. '고등학생 때 성적 잘 받아서 명문대를 입학하고, 학점관리를 잘하고 스펙을 잘 쌓아서 대기업에 취직하고, 월급 잘 모아둬서 노후를 준비하고, 그때 가서 하고 싶은 것들 하

● 모두 함께 땀 흘렸던 기억들이 우리를 행복하게 하는 것일까? 심어 놓은 나무를 보면서, 아지트에서 그냥 수다만 떨면서, 오두막에서 낮잠만 자더라도 즐거웠다.

면서 돈 걱정하지 말고 행복하게 살아라.'라고. 그때 가서는 행복할 수 있을지도 모른다. 하지만 그럼 지금 현재의 삶은 그때를 위해서 불행하여도 된다는 것인가? 지금의 삶은 나의 삶이 아닌가? 아니다. 지금도 나의 삶이고 내일도 나의 삶이며 현재의 우리도 행복해질 수 있는 권리가 있는 '사람'이다. 미래에 준비된 모든 것들로 노후를 즐기는 것도 행복일 수 있겠지만, 조금 덜 부유해도 조금 덜 가져도 행복할 수 있다.

　나는 아직 나이도 어리고 신분도 학생이어서 사회 경험이 굉장히 적을 수밖에 없다. 그러나 대학이라는 하나의 작은 사회 속에서 많은 사람들을 만나 보았고 많은 경험들을 해왔다. 내 주변에는 자신이 무엇을 위해서 공부하는지 잘 알지 못하는 사람들이 굉장히 많다. 단지 옆에 친구가 토익을 공부하고 있으니 해야 할 것 같고, 학점을 잘 받아야 사회에서 사람들이 인정해 줄 것 같으니까 공부하고 있는 모습들 …

　불안해지고 싶지 않아서 공부하고, 인정받고 싶어서 공부하고, 결국 자기가 사랑받고 싶어 하는 마음 때문에 사람들은 공부를 하고 있다. 자신이 사회적으로 안정된 높은 지위에 있지 않으면, 사람들이 자신을 무시할 것이라고, 인정하지 않을 거라고 사랑하지 않을 것이라는 메시지를 사회가 조장하고 있다. 그러니 사람들은 자기 성찰과 자아실현으로부터 오는 자기만족을 경험하지 못하고 타인으로부터 오는 만족을 챙기기에 여념이 없게 되는 것이다. 자신이 진정 원하는 것이 무엇인지를 모르니까, 무엇을 하면 진정으로 행복을 경험할 수 있을까 하는 것들을 전혀 알지 못하니까, 외부에서 들어오는 사랑을 받기 위해 필사적이 되는 것이다. 사람들이 사랑해 주고 존경해 주고 이해해 주고 인정해 주면, 마치 지금 하고 있는 일들이 최상의 일인 것처럼 느껴지고 안도감과 행복함을 준다고 느끼기에 이런 감정들을 얻기 위해 노력하는 것뿐이다. 그런데 그게 정말로 행복한 삶일까? 졸업한 선배들과 이야기를 나누어 보면 자신들의 직장 동료들 중에서 자신의 삶에 불만과 불안을 가지고 있는 사람들이 굉장히 많았다. 아니 다반이다. 그렇게 남들이 부러워하는 회사에 당당히 입사했는데 전혀 행복하지가 않다는 것이 그들의 말이다. 또한, 언제 이 일을 그만두게 될지 모르는 불안과 염려가 늘 그 사람들을 옥죄고 있다고 한다. 자신이 원하는 삶이 아닌 삶을 사는 사람들은 진정한 행복을 느끼기 어려울 것이 분명하다. 뭐 지금 돈을 바짝 벌어놔서 노후에 행복할 수도 있겠지만, 그러나 사람은 '현재', '지금'을 살아가는 동물이다. 언제까지 '준비!' '준비!'만 하면서 살 텐가? 언제까지 '내일'을 살 것인가?

정동녘 4학년을 마치고, 2001학년도 5학년부터 남한산초등학교에서 다녔다. 늘 산책과 다도로 시작한 '1교시' 수업을 가장 인상 깊게 기억하고 있다.

온몸으로
배우고
함께 달리다

권새봄

"왜 여기에 들어왔니?"

멀리, 또 가까이

전교생이 120명밖에 되지 않는 학교. 주위에는 산과 백숙 파는 식당밖에 없는 학교. 시험을 보는 대신 요리나 옷 만들기를 배우고 공연을 준비하는 학교. 듣다 보면 신기하기도 하고 이상하기도 한 학교. 그래서 사람들이 먼저 왜 여기를 선택했느냐는 질문을 해온다. 워낙 질문을 받다 보니 그 답을 고민할 수밖에 없었다.

나의 선택은 아니었다. 공동육아 어린이집에 2년 동안 다니긴 했지만, 공동육아가 뭔지도 모른 채 지냈고, 초등학교 1학년까지 집 옆에 있는 학교에 만족하고 있었다. 그러니 내가 남한산초등학교에 들어가게 된 건 당연히 부모님의 결정이었다. 정확히 말하면 '초등학교가 다 똑같지'라고 말하는 아빠를 설득한 엄마의 결정이었다. 1학년이 끝나지도 않은 12월 첫날, 나는 울면서 친구들에게 인사를 하고 그날 바로 울렁이는 속을 달래며 남한산으로 올라가야 했다. 잉잉 울면서 걸음을 늦춰보고 했지만 엄마는 단호했다.

다짜고짜 밀려들어 간 학교 강당에는 같은 나이로 보이지 않는 학생들이 모여서 무언가를 연습하고 있었다. 알고 보니 방학이 얼마 남지 않아 1~6학년 모두가 조를 짜서 연말 공연을 준비하고 있

- 1학년 말 나는 엄마의 권유로 울면서 전학을 갔다.
  얼떨떨한 기분으로 연극을 준비하는 조에 역할을 맡았는데,
  그 과정이 너무 자연스러웠다.

던 중이었다. 나도 연극을 준비하는 조에 들어가 얼떨떨한 기분으로 역할을 맡았다. 그런데 그 일을 맡는 과정이 너무 자연스러워서 뭐라 말을 할 수 없었다.

그날부터 방학 때까지는 수업 같지 않은 수업들이 계속되었다. 교과서라고는 없었고 교실도 따로 없었다. 눈이 숨 막히게 내린 다음 날에는 선배들이 만들어놓은 이글루를 보다가 학교가 끝났고, 그 다음 날은 그 이글루를 따라 만들다 집에 가는 식이었다. 어느 날은 눈이 너무 많이 와서 아예 등교를 하지 못한 적도 있었다. 우리가 준비한 연극 공연은 조촐하게 우리만의 박수로 끝났다. 이게 무슨 학교인가 생각이 들 수밖에.

그 당시에는 학교에 선생님도 제대로 없었고, 나를 포함해 1차적으로 30명 정도가 집단 전학을 해서 폐교 위기를 막았다는 얘기를 들은 건 방학이 되고 나서였다. 엄마도 갑작스레 전학을 결정한 것이 아니라 내가 1학년이 된 후 학교 살리기 준비 위원회에서 열었던 모임이나 강연에 꾸준히 참여하고 계셨다고 했다. 하지만 내 기억 속 남한산초등학교에서의 시작은 참 초라하기만 했다.

내 눈은 매일 산을 보았다

졸업한 지 6년 만에 엄마에게 딸을 '남한산'에 보낸 이유를 물었다.

● 나는 초등학교 2학년 때까지 난시와 근시가 있어 안경을 쓰고 다녀야 했다.
  그런데 신기하게도 남한산초등학교에 다니면서 시력이 2.0까지 올라갔다

이야기를 들어보니 엄마가 '남한산'을 선택한 이유는 나름 단순명쾌했다. 자연 때문이었다.

"어릴 때 자연을 벗 삼아 지내는 경험은 천금만금을 주고서도 바꿀 수 없는 경험이야. 특히나 귀농이나 이사를 해야 하는 줄 알았는데 바로 옆에 있었으니까 더 보내고 싶었지."

환경 생태에 관심이 있었던 엄마는 내가 어릴 때 자주 공원 같은 곳으로 데려가서 꽃과 나무 이름을 가르쳐 주고는 했다. 하지만 난 별로 관심이 없는 눈치였다고 한다. 대신 책을 좋아해서 놀고 있는 친구들 옆에서 책만 봐서 엄마 속을 태웠다. 심지어 '남한산'에 전학을 해서도 스쿨버스에서는 책만 읽었단다.

"그런데 2년쯤 지나서, 봄이었나? 지나가는 말로 학교에서 뭘 보고 왔냐고 물으니깐 처음으로 신이 나서 '엄마, 오늘 길에 개나리도 피고, 진달래도 피고…' 버스 안에서 본 꽃들을 쭉 읊더라고."

엄마는 딸이 드디어 책에서 고개를 들었다는 사실이 참 기뻤던 듯했다. 실제로 나는 초등학교 2학년 때까지 난시와 근시가 있어 안경을 쓰고 다녀야 했다. 그런데 신기하게도 남한산초등학교에 다니면서 시력이 2.0, 1.5까지 올라갔다. 그 이유에는 책에서 눈을 떼고 산을 보며 놀았던 것도 적잖이 있었을 것이다.

산에는 볼 수 있는 것이 정말 많다. 학교에서 한 15분 올라가면 풍경 좋은 성곽이 있다. 거기서 보이는 도시의 빌딩들은 정말로 조그마해서 멀리 있는 도시 풍경이 별 대수롭지 않게 느껴질 정도다.

예전에 군사를 지휘하던 4장대 중 가장 컸던 수어장대를 가 봐도 보이는 게 너무 많아서 내가 마치 지휘관이 된 것처럼 느껴진다.

그리고 칠판 옆에 쓰여 있던 학교의 모토 '작고 아름다운 학교'처럼, 선생님들은 학생들에게 언제나 작은 것들도 자세히 보라고 하셨다. 낙엽들 사이로 올라오는 새싹들, 냇물 바닥에 붙어 있는 다슬기들, 비가 오는 날 꿈틀거리는 지렁이들. 이런 작은 생물들은 고개를 낮추고 몸을 수그려야만 보인다. 2학년이 시작되던 봄날에 반 전체가 학부모님들과 함께 쑥을 캐러 간 적이 있다. 그때는 모든 친구들이 다 굼벵이처럼 몸을 말고 앉아 쑥을 찾았다. 우리 조는 신이 나서 언덕을 누비며 먹을 만한 것들은 다 가져갔다. 그런데 엄마는 너무 먹기에 너무 자라버린 쑥을 뽑아왔다고 우리를 돌려보내셨다. 바로 쑥떡을 해 먹길 기대했던 우리는 풀이 죽어서 뽑은 걸 다 버려버리고 대신 개미굴 막기 놀이를 하며 놀았다.

국어 시간에는 자주 산에 올라가 느끼는 것들을 글로 적었다. 사람마다 꽃 한 가지씩을 정해서 꽃을 그리고 그 꽃을 위한 시를 적는 수업도 있었다. 애기똥풀을 꺾어서 나오는 노란 물과 버찌물, 풀물로 그림을 그리기도 했다. 이렇듯 '남한산'의 수업은 학생들의 오감을 자극했다.

> 남한산초등학교에는 벌써 서리가 내렸다. 나는 스쿨버스를 타며 사계절 다른 나무들을 보는 게 참 즐겁

● 5학년 계절학교 때. 국어 시간에는 자주 산에 올라가 느끼는 것들을 글로 적었다.

다. 벌써 은행잎, 단풍잎 다 떨어졌다. 가을 10월에 우리 학교와 우리 동네는 위에서 보면 꼭 조각 이불 같다. 낙엽은 가을 눈이다. … 봄의 꽃은 항상 예쁜 색깔과 향기를 가질 수 없다. 그러나 낙엽은 향기를 가질 수 없다고 해도 영원히 부스러지지 않는 한 멋진 색깔을 간직하는 것이다. 낙엽은 영원한 생명을 가지고 있는 꽃이다.   – 4학년 때 일기

'남한산'을 졸업한 후, 입시 생활을 거치면서 내 눈은 다시 0.6, 0.5로 나빠져 버렸다. 이제는 농약 때문에 쑥도 캐기 어렵고 주위에는 아스팔트 도로뿐이다. 하지만 마음만큼은 항상 멀리, 또 가까이 보려고 노력한다. 일상에서도 가보지 않았던 곳을 탐험해 보고, 추위에 아랑곳하지 않고 피는 꽃들에 감동해본다. 왜냐하면 이런 과정이 곧 시야가 확장되고 내 삶의 가능성이 확장되는 과정이라는 것을 알았기 때문이다. 중요한 건 시력이 아니라 자기가 많은 것을 보고자 하는 노력이다.

온몸으로 배운다

몸으로 생각하기, 산은 가장 넓은 놀이터

몸으로 생각한다는 것은 다른 것이 아니다. 매일 책상에만 앉아있는 학생들을 의자에서 끌어내는 것이다.

  학교 뒤에는 아무리 뛰어놀아도 넓은 산이 버티고 있다. 많은 사람들이 산이 얼마나 재미있는지 몰라서 아쉬울 따름이다. 내 주변의 여자 친구들이 산이라는 말을 들으면 '땀', '힘듦', '더러움' 같은 단어를 연상하면서 저절로 얼굴을 찡그린다. 하지만 나한테 있어 산은 언제나 내 옆에 있었던 놀이터고 휴식과 깨달음의 공간이다. 산에 올라가면 사시사철 게임을 하며 놀 수 있다. 봄에는 꽃을 주위서 압화를 만들 수도 있고 성곽에 올라가 따뜻해져 오는 바람도 맡아본다. 여름에는 친구들과 오디와 앵두를 주워 나눠 먹는다. 산개구리나 꿩을 만날 때도 있다. 가을은 밤, 은행, 도토리가 지천으로 널려서 진정한 수확의 기쁨을 느낄 수 있다. 겨울에는 수업만 끝나면 옆 연무관 언덕으로 가 관리원이 와서 혼낼 때까지 썰매만 주구장창 탄다.

산에 대한 초등학교 때의 기억은 언제나 즐거운 것들이다. 이렇게 산과 친해지고 나면 일상에서도 계속 새로운 산들과 만나게 된다. (그렇게 보면 한국에는 정말 산이 많다). 난 아직도 답답한 일이 생기면 주저 없이 동네 옆의 가장 큰 산을 오른다. 그럼 내가 살고 있는 동네 전체가 작게 보이면서 내 걱정도 작아지는 걸 느낀다. 초등학교 때의 산이 마냥 큰 놀이터였다면, 지금 내게 산은 생각할 시간을 주고 내가 살던 생활에서 벗어나 세상을 다른 시각으로 보게 해주는 곳이다. 그런 점에서 산은 남한산초등학교의 선생님들과 비슷한 점이 많다. '남한산'의 선생님들은 아이들을 항상 먼저 생각하시고 마음껏 뛰어놀게 하시지만, 나중에는 그 품에서 자란 학생들이 배움을 되새기며 새로운 열정을 키우게 하신다. 적어도 나에게는 그랬다.

계절학교에 관한 나의 기억

남한산초등학교에서는 1년에 두 번, 2주 정도씩 교과 공부를 하지 않는다. 대신 계절학교라고 해서 여름에는 요리, 옷 만들기, 도예, 목공 등 살아가며 쓸 수 있는 일들을 배우고, 가을에는 남한산성 문화제를 위해 춤, 밴드, 연극 등 중에서 선택해 공연을 준비한다. 재미있어서 사람이 몰리는 곳도 있고, 반대로 힘들거나 재미가 없다고 텅텅 비는 곳도 있는데, 신청한 1지망이 안됐다고 우는 친구들이 생기기도 한다.

계절학교가 재미있는 이유는 새로움 때문일 것이다. 수업하던 교실이 모두 작업실, 연습실로 바뀌고 선생님들도 교과서 대신 온몸으로 연극이나 춤을 가르쳐 주신다. 평소에 만나던 학부모님들이라도 교실에서 장떡 만드는 법을 보여 주시고 손지갑 만들기를 가르쳐 주시니 선생님으로 보인다. 계절학교에서 학생들이 배운 것은 전시로, 공연으로 이어진다. 학생들, 선생님들, 학부모들 모두 누가 어떻게 무엇을 만들었는지 보며 재미있어 한다.

하지만 나한테는 그 재미만큼 어려움도 있었다. 나는 5학년 때 처음으로 생긴 밴드 수업에 들어가 '개구쟁이' 1, 2기 키보드, 보컬을 맡아 활동했다. 밴드 수업은 학기 중에 하는 것이었지만 밴드에 들어간 멤버들은 가을 계절학교 때도 연습을 해서 공연을 하기로 되어 있었다. 하지만 1회 가을 계절학교가 시작할 때부터 선배들이 하는 연극을 보고 꼭 마지막 계절학교 때는 연극을 할 거라고 생각해놓고 있었다. 문제는 신중하지 못하게, 밴드 담당이셨던 서길원 선생님께 밴드 공연을 나가지 않겠다고 곧바로 말해버린 것이다.

얼마나
작은 것들 안에
세상이 담겨 있는 것일까?

학교에서 15분 올라가면 풍경 좋은 성곽이 있다.
거기서 보이는 도시 빌딩들은
정말로 조그마해서 멀리 있는 도시 풍경이
별 대수롭지 않게 느껴질 정도였다.

● 왼쪽에 두 번째로 앉은 여자 아이가 나다. 나는 5학년 때 밴드부 보컬을 맡았는데, 선배들이 하는 연극을 보고는 계절학교를 앞두고 연극부로 바꾸겠다고 하는 바람에 선생님들 애를 태우기도 했다.

선생님은 당연히 그 자리에서 한 명밖에 없는 보컬이 나가면 어떻게 하느냐고, 너무 늦게 말했다고 화를 내셨다. 선생님께 그렇게 꾸중을 듣는 게 처음이었던 나는 놀라서 울어버렸다.

얼굴이 새빨개져서 교무실을 나와 교실로 가니 안순억 선생님이 혼자 계셨다. 안순억 선생님은 따뜻하게 위로를 해주시면서도 서길원 선생님이 그렇게 말씀하실 수 있다고 말씀하셨다. 선생님의 말씀을 듣고 나서야 정신이 들면서 내가 한 잘못이 이해가 갔다.

그렇지만 그렇게 울고도 연극이 무엇보다 하고 싶었고 안순억 선생님께 서길원 선생님과 얘기를 해달라고 부탁드렸다. 그리고 결국에는 서길원 선생님께 밴드를 나가도 좋다는 이야기를 들을 수 있었다. 밴드 공연은 드럼을 치던 두 친구가 번갈아가며 노래를 부르게 됐다. 나도 어렵게 따낸 연극 역할인 만큼 열심히 했음은 물론이다.

지금 그때를 다시 생각해 보면 참 어린 마음에 선생님을 무섭게 기억하고 있었던 게 느껴진다. 그때 울지 않고 차분하게 이야기를 계속했더라면 그 자리에서 대화가 좋게 끝났을 수도 있었을 텐데… 하지만 끝에는 학생이 하고 싶은 일을 하게 해 주시고, 지금은 이렇게 웃으며 글을 쓸 수 있게 해 주신 선생님들께 감사드린다.

지금 생각해보면 '참 잘 배웠다', 선무도

또 오래도록 마음에 남는 기억 중 하나는 학교에서 배운 선무도라는 무술 수업이다. 지금 생각해보면 선무도야말로 몸과 마음을 함께 단련시키는 데 최고의 수업이었다. 선무도는 불교에서 시작되어 무술인 동시에 참선을 통해 마음을 다스리는 법도 중요하게 여기기 때문이다. 하지만 초등학생의 마음으로 참선을 30분씩 하고, 굳은 몸으로 오체유법(몸을 유연하게 해주는 단계 스트레칭)을 따라 하는 건 보통 일이 아니었다. 일주일에 두 번씩 하는 선택 수업이었는데, 할 때마다 족족 땡땡이를 치고 싶었고 수업이 취소되기라도 하는 날에는 친구들과 방방 뛰며 좋아했다. 사부님은 아무 생각 없이 참선을 하라시는데 왜 생각도 없이 가만히 가부좌를 틀고 있어야 하는지 이해할 수가 없었다. 초등학교 4학년 때 갔던 선무도 캠프에서 108배를 할 때는 주저앉아 울고만 싶었다.

지금은 선무도에서 배웠던 오체유법 동작들을 하루에 15~20분씩 기억나는 것만이라도 혼자 해보곤 한다. 중학교 3학년 때는 거의 3개월 동안 아침에 일어나서 엄마와 함께 108배를 하기도 했다. 그렇게 찌뿌듯한 몸을 좀 깨우고 나면 훨씬 머리가 맑아진다. 운동이라는 건 땀을 뻘뻘 내고 흥분하는 것만이 아니라 마음도 상쾌하고 즐겁게 만들어야 한다는 것을 알았다.

초등학교 6학년 때는 사부님과 담임이셨던 안순억 선생님을 따라 반 전체가 하동에 있는 작설차 밭으로 녹차 만들기 체험을 하러 갔다. 사부님과 선생님 모두 차를 굉장히 좋아하셔서 수업을 시작할 때마다 아이들에게 차를 나눠주시곤 했다. 사부님은 아예 따로 다도를 수업 시간에 가르쳐 주시기도 했다. 사부님이 그릇을 닦고, 데우고, 차의 향내를 느끼고, 다시 닦는 일련의 과정을 보면서 차를 얼마나 소중히 여기시는지 느낄 수 있었다.(사부님은 끝에 아껴야 한다며 그릇을 닦은 물로 손발을 닦는 것도 보여주셨다). 하동에 갔을 때는 찻잎을 따고, 비비고, 발효시키고, 덖기까지 사흘 동안 차 만들기를 직접 해보기도 했다. 차는 정말 조심스럽게 만들어져야 한다. 그때 만든 차는 아직도 집에 남아 있는데, 발효차라 시

● 6학년 때 하동 차밭에서 직접 찻잎들을 따고 다듬는 모습. 안순억 선생님은, "차처럼 사람 간의 관계도 소중하게 오랫동안 우려내야 한다"고 말씀을 하셨다. 선생님이 매번 차를 끓여주실 때마다 차의 온도만큼 마음의 온도도 올라갔다.

간이 지나도 맛이 떨어지지 않는다. 안순억 선생님은 자주 차와 사람의 관계를 비교하셨는데, 차처럼 사람 간의 관계도 소중하게 오랫동안 우려내야 한다는 것이었다. 선생님이 매번 차를 끓여주실 때마다 차의 온도만큼 마음의 온도도 올라갔다.

새로운 기회를 만들어주다, 가야금

남한산초등학교의 또 다른 장점은 학생들에게 국악기를 하나씩은 배우도록 장려한다는 것이다. 내가 있었던 학년의 경우 저학년 때는 반 단위로 사물놀이를 배웠고, 나는 2학년 때부터 따로 특강을 통해 가야금을 시작했다. 그때 가야금을 가르쳐 주셨던 정길선 선생님이 대금, 해금, 거문고 등 다른 악기들도 특기적성 수업으로 배울 수 있게 해 주신 것이다.

가을 계절학교 때는 악기를 배웠던 친구들이 다 같이 모여 합주 공연을 준비했다. 연습을 시작할 때만 해도 괴상한 소리를 내던 악기들이 2주간의 혹독한(?) 연습을 하고 나면 공연 때 나름 들어줄 만한 '타령' 연주가 된다. 그런데 사실 학생들 중에는 (나를 포함해) 타령이 무슨 노래인지, 왜 국악을 배우는지 모르면서 배우는 친구들이 꽤 많았다. 가야금을 배우면서도 할머니, 할아버지 생신 때 가끔 산조 연주를 하면 친척들은 곡이 끝나고 나서 한 2초 지나서야 박수를 치셨다. 곡이 언제 끝나는지도 몰랐던 것이다. 그리고 '뭐가 뭔지는 모르겠지만 어쨌든 좋다'하시면서 웃으셨다. 이제 국악은 어른들도 잘 모르는 음악이 됐다.

하지만 언제 한번은 엄마가 알고 있는 외국인 앞에서 아리랑을 연주해 드린 적이 있다. 틀리기도 하고 음정도 제대로 맞췄는지 몰랐지만, 외국인분과 옆에 있던 사람들 모두 즐거워했다. 나는 아니지만 거문고를 배우는 친구들은 진짜 외국으로 나가 연주 여행을 해보기도 했다. 중학교에 들어가서는 학교 재즈 밴드와 함께 합주를 할 기회도 있었다.(원래 서양악기와 합주를 할 때는 25현 가야금을 쓰는데 내 가야금은 12현이라 애를 먹었다). 만약 내가 피아노나 기타를 내세웠다면 밴드에 들어가기 어려웠을 것이다. 하지만 가야금을 배웠다고 하자 도리어 선배들이 먼저 같이하자고 말을 해왔다.

사실 악기 배우기를 원래부터 싫어했던 친구들은 악기 수업 시간이 쉬는 시간이다. 중도에 포기하기도 한다. 하지만 열심히 하는 친구들은 졸업 후에도 따로 악기를 배우고 그대로 국악중학교에 들어가기도 한다. 나도 8년 가까이 가야금을 배워서 얻었던 공연들과 만났던 선생님들이 참 많다. 기회는 남들이 보지 않았던 곳에서 생겨난다.

도서관에서는 쉴 수 있어야 한다, 옹달샘처럼!

내가 학교 안에서 가장 좋아했던 장소는 도서관이었다. 학교 본관 가운데에 자리한 도서관은 정사각형 모양이고 사면에 창문이 널따랗게 있어 아침에 제일 먼저 해가 비치는 곳이기도 했다. 나에게 도서관은 책을 읽든 선생님을 도와 드리든 하루에 한 번씩은 가는 일과나 마찬가지였다.

도서관은 내가 학교에 들어와 한 2년쯤 지나서 완공되었는데, 평소에 책을 좋아하다 보니 단박에 도서관을 사랑하게 될 수밖에 없었다. 비록 책상이 세 개밖에 들어가지 않는 작은 크기였지만 바닥이 전부 마룻바닥으로 되어 있는(그리고, 오즈의 마법사 24권 시리

즈가 전부 있는) 도서관은 처음이었다. 그래서 '옹달샘'이라는 이름에 걸맞게 아이들은 아무 데나 앉거나 누워서 옹달샘에서 쉬듯 책을 볼 수 있었다. '남한산'의 추운 겨울을 보내는 데는 따끈따끈한 도서관의 온돌 바닥이 최고였다. 이때는 책을 보지 않는 아이들도 옹기종기 모여서 재잘거렸다.

무엇보다 도서관에는 내가 정말 좋아했던 사서 선생님이 계셨다. 별명이 토마토였던 최정희 선생님은 도서관에서 뛰어다니는 아이들에게도 웃는 분이셨다. 학년 말에는 전교생 한 명 한 명에게 읽은 책 목록과 코멘트가 있는 '옹달샘 편지'를 보내시기도 했다. 새 책이 들어올 때마다 선생님께 말씀드리면 라벨 스티커와 도장을 직접 찍을 수도 있었다(마치 그 많은 책을 내 책으로 만드는 것 같은 과정이 나를 책 읽기에 더 가깝게 만들어줬다는 생각이 든다). 그리고 선생님이 먼저 학생들을 모아 책 읽기 모임을 만들고, 독서신문을 기획하셨다. 모임을 할 때는 늘 맛있는 간식이 있어서 저절로 사람들이 모였다. 독후감도 글만 쓰는 게 아니라 작가에게 편지를 쓰기도 하고, 그림, 만화를 그리기도 했다.

아이들이 책을 좋아하게 하려면 책을 재미있게 읽을 수 있는 공간을 주는 게 가장 효과적인 방법이다. 빌딩들을 돌아다니다 보면 방학 독서 특강 같은 것을 통해 필독도서들을 요약, 주입시키는 학원을 볼 수 있다. 그 학원에 다닌 친구들은 빠르게 많은 책을 읽을 수는 있겠지만 독서의 참맛을 알 수는 없을 것이다. 아이들은 편하고 재미있으면 저절로 책을 읽게 된다는 게 내 생각이다.

　그래서 나는 아직도 구립 도서관이나 대학 도서관의 딱딱한 분위기를 좋아할 수가 없다. 왜 도서관에서는 말을 하면 안 될까? 그렇다고 해서 콘서트장 같은 도서관을 바라는 건 아니다. 책을 읽다가 재미있는 부분이 나오면 옆 사람과 같이 웃을 수도 있는 거고, 작은 모임도 열 수 있는 것 아닌가? 또 왜 내가 가는 도서관마다 사서 선생님들은 법정에서 일하시는 것마냥 무뚝뚝하신 걸까? 책은 꼭 혼자 읽는 것일까? 어른들이 가는 도서관도 '남한산'의 도서관을 조금은 주목했으면 한다.

'새봄이의 외인탐구' – 그때 친구들

남학생들끼리 짝을 지어야 했던 꼭두각시 공연
내가 학교에 다닐 때 전교생은 120명이었고 내가 속한 학년은 20명 정도가 졸업까지 함께 보내야 했다. 하지만 그 중 여학생은 나를 포함해 일곱 명밖에 되지 않았다. 아마 이런 비율은 학교 안에서도 우리뿐일 것이다. 아직도 꼭두각시 공연을 준비하면서 제비뽑기로 남학생들끼리 짝을 짓는 동안 우리가 깔깔 웃었던 것이 기억난다.

　일곱 명이 얼마나 적은 숫자냐면, 한 단락에 모두 소개할 수 있을 만큼이다.

　달리기가 남자만큼 빨랐던 연주는 쉬는 시간에 남자애들하고도 축구를 하며 놀았다. 공기놀이를 할 때는 도연이와 다빈이가 다른 애들보다 항상 몇 년씩 앞서 갔다. 다리가 길쭉길쭉한 보라는 고무줄놀이를 할 때 머리까지 발을 차올리곤 했다. 몸집이 작았던 은수는 조용하고 책을 많이 읽어서 도서관에서 많이 만났다. 5학년 때 전학을 온 지영이는 학교 바로 옆 식당에 살아서 놀러 가기도 했다.

　남학생들 중에서도 끼 많고 개성 있는 친구들이 많았다. 이런 친구들 때문에 한 명씩 집중적으로 관찰해서 '새봄이의 외인탐구'라는 제목으로 학교 홈페이지에 몇 번 글을 올린 적도 있었다. 성식이는 수다를 잘 떨고 정신없게 돌아다녀서 별명이 주접이였다. 대훈이는 하는 말, 행동이 다 느끼하다고 버터라 불렀다. 한동이는 정신지체를 가지고 있었는데, 수업 시간에 갑자기 커다란 소리를 내서 교실을 웃게 만드는 재주가 있었다. 영상이는 너무 몸집이 작고 이빨이 툭 튀어나와서 생쥐가 별명이었다. 모세는 빼빼 마른 옥수숫대 같은 친구였는데 언제 한 번은 '엄마 뱃살은 밀가루 반죽 같다'는 글을 써서 우리를 뒤집어지게 했다.

　칠공주 마냥 때로 몰려다니진 않았지만 주말이 되면 여자 친구들끼리는 모두 모여 근처 산성리나 검복리에 사는 친구들 집에 놀러 갔다. 대부분 산 위에서 사는 친구들은 식당을 운영하고 있어서 식당 옆에 흐르는 냇가에서 놀거나 식당 안에 있는 집에서 영화를

● 5학년 때 여름 계절학교 김우석 선생님과 함께 연무관에서 들풀을 조사하고 글짓기하는 모습. 가운데 뒤쪽에 초록색 바지를 입은 여자 아이가 나다.

보고 이야기를 하며 깔깔댔다.

  쉬는 시간이 되면 일단 밖에 나가서 할 것들을 찾았다. 사방치기와 고무줄놀이, 두부놀이 같은 것들이었다. 계획을 따로 하지 않아도 때가 됐다 싶으면 누군가가 고무줄을 사왔고, 사방치기를 그려놓고 친구들을 부르는 식이었다. 체육 시간에는 주로 축구나 발야구, 피구 같은 구기종목이나 오징어 놀이, 쥐잡기 같은 놀이들을 했다. 오징어 놀이를 할라치면 운동장에 큼지막하게 오징어를 그려놓고 열 명씩 팀을 지어 다 같이 놀 수 있었다. 그때 얼마나 필사적으로 뛰어다녔던지!

비가 와야만 할 수 있는 것들

지금은 비가 오면 금세 의욕이 없어지지만, 초등학교 때는 비가 오는 날에만 할 수 있는 재미있는 일이 있었다. 선생님께 무서운 이야기를 듣는 것이었다. 특히 4학년 담임이셨던 황영동 선생님은 참 이야기를 잘하시는 분이었다. 장마 때 하늘은 무시무시하게 어둡고 천둥이 꽈르릉 꽈르릉 울린다. 우리들은 선생님께 수업은 그만하고 이야기를 해달라고 졸라댄다. 애들이 한목소리로 외쳐대니 선생님은 나중에, 나중에 하시다가 슬쩍 교실 불을 끄신다. 아이들이 놀라는 소리가 들리고 선생님은 자기가 진짜로 겪었다는 이야기를 칠판에 그려주시기까지 하면서 설명하기 시작하신다.

"뭔가 소리가 들려… '야오옹~ 야오옹~' 그게 계속 들리니까 잠이 안 와. 그래서 안 되겠다 싶어서 일어나 있었지. 근데 그때 번개가 번쩍하면서 창문 밖에 천 년 된 나무가 요래 보이는데 뭔가가 매달려 있는 거야. 그래서 조심조심 등불을 들고 나가보니까 그 고양이가, 너덜너덜해져서 죽어있는 거야!"

그럼 아이들은 학교가 울리도록 소리를 지른다. 이렇게 이야기를 듣다 보면 한 시간쯤은 쉽게 지나간다. 얄밉게도 선생님은 한번에 이야기를 끝내지 않으신다. 그럼 우린 또 하염없이 비가 오는 날을 기다려야 하는 것이다. 그리고 그 기다린 이야기가 어이없게 선생님의 농담으로 끝나기라도 하면 아이들은 선생님을 잡아먹을 듯이 달려든다.

또 비가 온 날에만 할 수 있었던 놀이는 운동장에 운하를 만드는 것이었다. 일단 비가 와장창 내린 날에는 집에 있는 옷 중 가장 편한 옷을 입고 온다. 어떤 친구는 삽을 아예 가져오기도 한다. 그리고 쉬는 시간마다 맨발로 운동장에 나가면 이미 벌써 1, 2학년 아이들이 흙을 파내고 있다. 이때는 선배든 후배든 상관없이 무조건 길을 길게 트기 위한 작전의 요원이 된다. 운동장에는 이미 물이 잘 흐르는 줄기가 만들어져 있기 때문에 그 길을 넓히고 다른 길과 잇는 일의 연속이다. 물이 길 위로 넘치기도 하고 중간에 물이 끊겨버리기도 한다. 언제 한번은 거의 운동장 4분의 1만큼 되는 대운하를 만들기도 했다. 몸이 젖던 진흙이 묻던 상관은 없다. 스쿨버스 의자는 척척해지고 엄마는 집에 가자마자 나를 곧바로 화장실에 밀어 넣겠지만 말이다.

'남한산' 학생들에 대한 오해

사실 내가 만난 사람들 중에는 남한산초등학교는 학생 수도 적고 하니 친구 간의 우애가 돈독할 수밖에 없다고 생각하는 사람들도 있다. 하지만 그렇지는 않았다. 오히려 학생 수가 적어서 생기는 고질적인 갈등도 있었고 어린 애들이라 한 번 생긴 싸움을 끝내기 어려워했다. 특히 남자 애들과 여자 애들이 편을 갈라 노는 것이심했다. 그래서인지 내가 지금까지 연락을 하고 지내는 친구들은 두세 명 정도밖에 되지 않는다.

또한 우리 학년의 경우 남한산초등학교의 교육을 존중하면서도 중학교 때의 학업을 위해 5, 6학년 때부터 교과 학원을 보내는 가정들이 생겼다. 그래서 저학년 때와 달리 6학년 때는 다들 학원에 가고 학교에 오래 남아 놀고 있는 아이는 나를 포함해 몇 명밖에 없을 때도 많았다.

개인적으로 가정 형편이 어렵거나, 부모님이 이혼을 하셨거나 하는 등 어려움을 겪고 있는 친구들도 꽤 되었다. 집안 사정 때문에 전학을 가거나 몇 달 동안 학교에 나오지 못했던 친구도 있었다. 돌이켜보면 어린 마음에 많이 힘들었을 텐데도 학교에서만은 다들 즐겁게 놀았던 것 같다. 수업이 끝나고 친구들끼리 그런 일이 있다고 말을 해보긴 했지만 그래도 다음 날이면 무슨 일 있었느냐는 듯 일상으로 돌아왔다.

배움의 좌표

스스로 공부의 재미를 알아가다

방학은 언제나 즐겁다. 매일 산만 오르다 그나마 산 아래 있는 집에서 공부는 잊고 즐겁게 놀 시간이기 때문이다. 다른 친구들은 어땠는지 잘 모르지만, 나는 특히 방학 계획표를 짜는 것이 너무 좋았다. 우리 학교의 방학 계획표는 공부, 문화, 여행 등의 영역이 나뉘어 있어 학생마다 자기가 하고 싶은 일을 써내게 되어있었다. 요리 배우기, 축구 30일 동안 빼먹지 않고 하기, 수학 문제집 다 풀기, 부모님과 산에 올라갔다 오기, 자기가 좋아하는 작가 책 다 읽기…. 선생님들이 '아니다' 싶은 것은 고치라고 충고해주시기도 했지만 기본적으로는 학생들이 원하는 것을 짜는 계획표였다. 그래서 5학년 여름방학 때, 나는 한번 집 마당(엄마가 고무다라로 만들어 놓은) 연못에 있는 부레옥잠을 관찰해 보기로 했다. 그전에 부레옥잠에 관심이 있었던 것은 아니었다. 엄마가 여름에 부레옥잠이 예쁘게 꽃을 피운다고 하는 얘기를 듣고 한 번 관찰해 볼까 하는 단순한 호기심이었다.

처음에는 그림을 그렸다. "뭐가 났다", "잎이 한 장 더 생겼다" 같은 말들만으로 재미 없게 일지를 쓰고 싶지는 않았다(게다가 부레옥잠은 꽃이 날 때까지는 참 얌전하기 때문이다). 그래서 부레와 옥잠이라는 캐릭터를 아예 만들어 만화와 관찰일지를 뒤섞어 보기로 했다. 관찰은 한 2주 동안 계속되었다. 그래서 기다림 끝에 정말 예쁜 꽃이 피었을 때 내 기분은 내가 마치 꽃을 피운 느낌이었다. 방학이 끝난 후 담임이셨던 김우석 선생님이 친구들에게 내 관찰일지를 보여줄 때의 뿌듯함도 아직까지 선명하다.

노는 데도 바쁜 방학에 관찰일지를 쓰면서 짜증이 나진 않았냐고? 물론 관찰을 빼먹은 날도 많았고 처음부터 다시 할까 생각했던 적도 많았다. 하지만 관찰과 조사, 무언가를 조금씩 알아갈 때의 기분, 어떻게 그를 표현할지를 고민할 때의 긴장감, 그리고 그 결과물을 교실의 친구들과 함께 나눌 때의 기쁨이 내게 공부란 이래야 한다는 것을 보여줬다. 공부가 재미있으려면 직접 몸으로 탐구해야 한다는 것이었다. 가끔은 지루하고 내가 하는 일이 재미 없게 느껴질 수도 있지만 그걸 끝까지 하고 나면 함께 그 과정과 결과를 나눌 교실이 있다는 것이 행복을 준다. 중고등학교 때도 PPT, 영상, 활동지 만들기 등 학생들이 직접 조사에서 발표까지 하는 수업이 대부분이었다. 지금도 나는 과제를 받을 때 내가 어떻게 공부할 것인가 뿐만이 아니라 어떻게 다른 친구들에게 보여줄 것인가까지 생각한다. 보고서 쓰는 건 정말 어렵지만 한 편으로 기대되는 일이기도 하다. 시험공부를 할 때도 혼자 하는 것보다는 정리를 친구들과 나누고 틀린 것은 고칠 때 더 재미있고 힘이 솟는다. 중고등학교 때는 학교 홈페이지에 정리한 것을 올렸다면 대학교 때는 페이스북이 있다. 동기들, 선배들이 틀린 부분이나 더할 부분을 그때그때 답글로 달아주는 식이다. 이렇듯 나에게 공부란 함께하는 것이다.

책과 선생님의 말씀이 전부가 아니다

6학년 담임이셨던 안순억 선생님은 수업 때마다 우리에게 초등학교 수업 같지 않은 본질적이고 어려운 질문을 던져 주시곤 했다.

역사를 배우는 첫 시간에 선생님은 '왜 우리는 역사를 배워야 하는가?'라는 질문을 던지시고는 칠판 옆 책상으로 가 우리가 말하길 기다리셨다. 눈치 빠른 몇 명이 처음에 몇 마디를 던지긴 했지만 성이 안 차셨나 보다. 선생님은 묵묵히 앉아 계시다 조용히 교과서에서 힌트를 얻으라고 말씀하셨다. 학생들은 곧바로 책을 뒤지기 시작했다. 그렇게 침묵과 친구들의 도전, 선생님의 되물음이 반복되기를 몇 분, '재미있으니까요', '시험에 나오니까요' 등등 하는 얘기가 나왔다. 결국 한 5분쯤 지나자 선생님이 '역사는 거울이다'라고 칠판에 큼지막하게 쓰셨다. 알고 보니 그 구절은 교과서에 진짜 있었다. 이후로도 역사 선생님들이 역사에 관한 자신의 정의를 말씀해 주시곤 했지만 이 말만 생생하다. 과연 이 과정 없이 선생님이 바로 책을 읽어 주시고 넘기셨다면 내가 아직까지 이 말을 기억할 수 있었을까?

또 한번은 수학 시간에 곱하기와 나누기의 차이를 놓고 생각 나누기를 했다. 다들 6학년 때까지 책에 나오는 ×와 ÷를 가지고 계산을 할 순 있었지만 정작 이들이 무슨 역할을 하는지는 설명하지 못했다. 선생님은 이때도 답이 나올 때까지 기다리셨다. 물론 초등학교 꼬맹이들이 명쾌한 답을 낼 리가 없다. 수업 시간은 끝나버렸지만 선생님은 이 질문을 숙제로 내주셨다. 신기한 것은 백과사전에도, 교과서에도 초등학생들이 알아들을 딱 한 마디로 이들을 정의하지는 못한다는 것이었다.

● 5학년 때 김우석 선생님과 함께한 공개 수업 모습. 선생님들은 아무리 시간이 오래 걸려도 아이들에게 생각할 시간을 주셨다. '이 낱말이 뜻하는 게 뭘까?', '왜 책 속의 이 사람은 이런 일을 했을까?'

무엇을 배우든 그 뿌리부터 알아나가야 한다. 책은 모든 것을 알려 주는 것처럼 보이지만 사실 질문을 해가다 보면 책도 모르는 것이 보인다. 선생님은 그걸 알고 계셨고 몇 분, 몇 시간이 걸리든 아이들이 스스로 그 답을 알아가게 하셨다. 국어 시간에는 책을 보고 넘어가도 될 용어들을 굳이 우리들에게 물어보셨다. '이 낱말이 뜻하는 게 뭘까?', '왜 책 속의 이 사람은 이런 일을 했을까?' 수업의 진도는 빨리 나갈 수 없었지만 나도 답을 찾아보고, 친구들이 내는 답에 선생님의 칭찬과 답변을 듣는 것이 훨씬 재미있었다.

중학교, 고등학교 때는 토론수업이 있긴 했지만 선생님들께서 반 전체를 대상으로 생각할 시간을 주시진 않으셨다. 그래서 나는 자연스럽게 선생님이 시간을 주시길 기다리는 대신 질문하는 게 중요하다는 것을 깨달았다. 책이 만능기계가 아닌 것처럼, 선생님들의 수업도 학생들의 반응과 자극이 있어야 더 활발해지고 유익해진다. 다행히도 내가 다닌 중고등학교의 선생님들은 학생들의 질문을 언제나 존중해주셨다. 대학교 교수님들도 언제나 질문할 시간을 주시고 질문을 이끌어내려 노력하신다.

기억 속에서 내일을 보다

축복받은 삶의 의미

남한산초등학교의 마지막 해 6월, 나는 분당의 대안 학교인 이우중학교에 지원하기로 했다. 개교한 지 3년 정도밖에 안 됐지만, 이곳 역시 부모님이 설립 때부터 준비 위원회에 참여하셨고 다른 대안학교와 달리 공교육의 혁신을 적극적으로 추구하는 곳이었다. 이미 이전 졸업생들 중에서도 간 사람들이 꽤 있었고 나도 남한산초등학교에서 배운 것들을 더 키워 나가는 데 알맞은 학교라고 생각했다. 1차 서류, 2차 면접 전형까지 치르며 얻은 결과는 합격이었다.

이후 흥분 속에서 하루하루를 보내던 중, 안순억 선생님이 집에

● 이우학교 복도에서 고등학교 졸업을 앞두고 찍은 사진이다. 안순억 선생님은 나에게 '축복 받은 아이'라고 말씀하셨다. 그때는 그 말이 무슨 뜻인 줄 몰랐다.

가려는 나를 불러 세우셨다.

"너는 참 축복받은 아이야. 네 주위에 있는 친구들, 선생님들, 부모님께 감사하렴. 그리고 그만큼 더 열심히 살아야 한다."

선생님이 뜬금없이 하신 말씀이었다.

선생님이 왜 이 말씀을 하셨는지 잘 몰랐다. 사실 조금 화가 나기도 했다. 내 스스로 열심히 해서 합격까지 한 것인데 왜 그걸 축복이라고 할까?

그걸 조금 알 것 같다고 느꼈던 때는 고등학교 시절이었다. 그때까지 나만 열심히 하면 뭐든지 될 수 있고, 다른 것은 부차적인 것이라고 생각했다. 하지만 고등학교에 들어서 아무것도 변한 게 없는데 갑자기 의욕이 없어지고 지쳐버리는 때가 많아졌다. 하는 일마다 포기하고 싶어지고 까닭 없이 눈물이 났다. 그건 아무도 모르게 나 혼자 쌓아놓고 있던 고름이었다. 이 시기를 계기로 부모님과 더 많이 이야기하게 되었고 친구들을 보는 시선도 달라졌다. 나 스스로 바닥을 치고 나니 옆에서 힘들어 하는 친구들이 보였다. 그 친구들과 이야기를 나누면서 그런 감정은 나만 느끼는 것이 아니라는 걸 알았다. 내 이야기를 들어 주었던 사람들에게 감사하는 마음이 그 시기를 벗어나게 해준 원동력이었다. 나 혼자 삶을 살아간다는 건 오만한 생각이었다.

"보통 학교도 괜찮다"는 나를 '남한산'에 데려가 준 부모님, 폐교가 될 뻔한 학교에 와서 처음부터 모든 교육방침을 기획하신 선생님들, 끝까지 좋은 얼굴로 남아준 친구들이 있었기 때문에 내가 '남한산'에서 무엇이든 할 수 있었다는 확신이 든다. 내가 여기 서 있는 이유는 나를 마주치고 지나쳐간 모든 사람과 공간, 시간의 덕이다. 그리고 앞으로도 그 궤적을 헛되이 하지 않으리라.

경쟁 대신 배려하는 학교를 위해

나는 이제 스무 살, 막 대학 새내기가 되었다. 초등학교 때 어른 되기가 무섭다며 훌쩍훌쩍 울었던 것을 생각하면 웃음이 나오는 나이다. 아직은 모든 게 새롭고 신기하기만 하다.

하지만 가끔씩 이해할 수 없는 일이 생기기도 한다. 대학교 수업을 들으면서 놀랐던 것은 모둠 수업을 하면서였다. 각자 조에 있었던 이야기를 발표하는데, 모두 자기가 한 이야기만 대표로 하는 것처럼 알고 있던 것이다. 내가 모둠원 누구는 이런 이야기를, 다른 누구는 저 이야기를 했다 하는 식으로 발표를 하자 같은 모둠 사람들이 그렇게 발표하는 거냐고 되물었다. 친구들은 모둠 토의가 왜 있는지 정확히 모르는 것 같았다. 모둠토의를 교실에서 나누는 과정은 '나의 이야기' - '팀의 이야기' - '교실의 이야기'로 확장되어야 한다. 자신의 이야기 분량은 줄어들겠지만 교실 전체가 팀 토의 내용을 듣게 하려는 배려인 것이다.

대학 친구들, 선배들의 이야기를 들어 보면 대부분의 대한민국 대학생들은 자신의 청소년 시절에 대한 피해의식을 가지고 있다. 7·8할 정도는 이구동성으로 '입시지옥', 선생님 또는 친구들과의 단절, '학교를 빨리 벗어나고 싶었다'는 이야기를 했다. 하지만 나는 남한산초등학교에서 경쟁 대신 배려를 배웠다. 그건 상대방을 인정하고 나 또한 존중받는 것이다.

남한산초등학교에는 등수가 존재하지 않는다. 우리 학년이 받은 학기 말 평가표에는 점수 대신 이해도가 상, 중, 하로 나뉘어 있었고 마지막에는 선생님의 짤막한 편지가 쓰여 있었다. 초등학교 때 시험을 보지 않다가 처음으로 중학교 중간고사를 치렀을 때는 혼란스럽기도 했다. 하지만 그때 어떤 친구가 '시험은 지금까지 얼마나 열심히 했는지를 스스로 체크하는 거야. 결과는 중요하지 않아.'라는 말을 해주었다. 지극히 당연한 말이지만 가장 와 닿는 말이었다. 수업 시간에 얼마나 집중했는지, 스스로 얼마나 실력을 키웠는지가 중요

● 나는 아직도 답답한 일이 생기면 주저 없이 동네 옆의 가장 큰 산을 오른다. 그럼 내가 살고 있는 동네 전체가 작게 보이면서 내 걱정도 작아지는 걸 느낀다.

하지 선생님이 시험에 무슨 문제를 내는지에 급급할 수는 없다.

공부를 잘하는 친구들도 있지만 악기를 잘 다루는 친구, 달리기를 잘하는 친구, 글을 잘 쓰는 친구, 목공을 잘하는 친구도 있다. 나와 고등학교까지 12년을 같이 보낸 친구가 있는데, 나는 아직도 그 친구를 초등학교 때 '남의 말에 항상 귀 기울이는 아이라고 칭찬받은 아이'라고 기억한다. 어릴 때 받은 칭찬은 기억에 참 오랫동안 남는다. 대학교에 들어와서야 취미생활을 찾겠다고 미술 과외나 기타 수업을 받는 친구들을 보며 참 대단하다고 느끼면서도 동시에 안쓰러움을 느낀다.

재미있는 것은, 초등학교를 졸업한 이후에도 '왜 이곳을 선택했나?'라는 질문을 줄곧 받아왔다는 것이다. 졸업 후 도시형 대안 학교라 불리는 이우 중고등학교를 다니며 많은 일을 겪었고, 올해 새로 생긴 서강대학교 지식융합학부의 1기 학생이 됐다. 그럼에도 불구하고 아직도 사람들이 보지 않는 길은 참 많다는 걸 알기에 더 나가보고 싶다. 그 사이에 남한산초등학교는 삶에 있어 방향타가 얼마나 중요한지를 알려준 학교, 또한 내 삶의 믿음직한 방향타가 되어준 학교다.

내가 학교에서 만든 기억들을 나 혼자만의 특권으로 가지고 싶지 않다. 학교에 감사하는 마음을 다른 아이들도 느껴봤으면 한다. 초등학교 때가 가장 적절한 시기인 것 같다. 마음이 그나마 가장 열려 있을 때, 뭐든지 해보고 싶을 때 책상에 붙어 있는 공부가 아니라 더욱 풍부한 삶을 가르쳐 줄 수 있는 학교가 더 많았으면 한다. 남한산초등학교 같은 학교가 특이한 게 아니라 남한산초등학교 같지 않은 학교가 비정상적이라고 말하게 되길 바란다.

　나에게 학교란 함께 끝까지 달리는 것이다. 아마 한두 번 했던 것으로 기억하는데 '남한산'의 체육대회의 하이라이트는 '전교생 이어달리기'였다. 이 릴레이에서는 대표 선수만 뛰는 게 아니라 학생, 선생님, 학부모 대표, 졸업생 대표 모두 청팀, 백팀으로 나뉘어 끝이 날 때까지 달려야 한다. 이렇게 많은 사람들이 달릴 때는 정말로 승부를 예측할 수 없다. 뛰다가 넘어져 버린 친구도 포기하지 않으며, 장애를 가진 친구도 끝까지 열심히 달린다. 모르는 아주머니, 아저씨들끼리도 엎치락뒤치락한다. 왜냐하면 학교 사람들이 모두 달리는 사람들에게 환호성을 지르며 응원해주기 때문이다. 달리기는 승부를 위한 것이 아니라 함께 뛰고 웃기 위해서 하는 것이다. 이런 것은 작은 학교에서만 가능한 것일까? 아직은 잘 모르겠다. 하지만 내가 지금 서 있는 곳에서도 그런 날이 있기를 꿈꿔본다.

권새봄 2000년 12월 1학년 때 남한산초등학교로 전학을 왔다. 수업 같지 않은 수업, 교과서도 교실도 따로 없었던, 남한산초등학교의 시작은 정말 초라했던 기억을 가지고 있지만 이후의 남한산의 배움은 현재와 미래의 더 나은 나의 모습을 찾아가는데 많은 자양분이 될 것이다.

치열했던 놀이의
흔적이
소중한 기억

김대훈

'남한산'에서 순간순간의 행복을 느끼다

성남의 한 동네 초등학교에서 1학년을 마친 나는 어머니의 추천으로 당시 3학년이었던 누나와 함께 남한산초등학교로 전학을 가게 되었다. 사실 이제 막 초등학교를 들어왔기에 아직 일반적인 초등학교의 문제점을 인지하지도 못하였던 나는 그곳에 가야 하는 이유도 없었고 그저 누나가 가니까, 엄마가 권하니까 전학을 한 것이었다. 그러나 그렇게 시작하게 된 '남한산'의 삶에서 나는 남한산초등학교가 무엇인가 다른 초등학교와 구별되는 특별한 점들이 가득하다는 것을 느낄 수 있었고 얼마 지나지 않아 설레는 마음으로 학교를 가게 되었다.

내가 느낀 특별한 점은 등굣길에서부터 시작한다. 학교 셔틀버스나 시내버스를 타고 남한산초등학교까지 가는 길은 언제나 즐거웠는데, 굽이굽이 나 있는 길을 따라 올라갈 때 봄에는 수많은 꽃과 갓 솟은 새잎들을 구경했고 여름에는 제각기 다른 색의 초록을 표현하는 잎이 무성한 나무들 속을 지나가며 신선한 바람을 느꼈다. 가을에는 불타는 듯한 단풍나무들을 보며 많은 생각을 할 수 있었고, 겨울에는 모든 나뭇가지에 눈이 얹혀 마치 내가 구름 속에 들어온 것 같은 느낌이 들었다. 이렇게 매일매일 달라지는 등굣길의 아침 풍경은 마치 내가 학교에 가는 것이 아닌 듯한 느낌을 주었고 학교를 올라가는 짧지 않은 시간 동안 버스 속 모든 학생들을 시인으로, 철학자로 만들었다.

  자칫 평범하게 여겨질 수 있는 등교 이후의 일과 시간도 남한산초등학교에서는 특별하게 다가왔다. 우선 1블록이 시작하기 전, 학생들은 각 반의 담임 선생님들에 따라 조금씩 다른 조회 시간을 가졌다. 뒷산으로 산책을 나가 연무관 쪽 후문을 통해 돌아오는 반도 있었고, 작은 학교 도서관에서 책을 읽는 반도 있었는데, 안순억 선생님은 특히 반 아이들과 차를 마시며 얘기 나누는 것을 좋아하셨다. 이후 1블록이 시작되면 우리는 1시간 20분가량을 쉬지 않고 수업했다. 하지만 2블록도, 3블록도 마찬가지로 전혀 지루하거나 견디기 어렵지 않았다. 난 아직도 그 이유를 명확히 알 수 없는데, 한 가지 드는 생각은 칠판으로만 전해지는 수업이 아니었기 때문일 것이다. 좀 더 자세히 설명하자면, '남한산'의 수업은 일반 학교들처럼 선생님이 칠판에 적고 학생들은 그것을 받아 적기만 하는 그런 수업이 아니었다. 수업 내내 학생들과 선생님은 새로 습득하는 지식에 대해 끊임없이 토의했고 사소한 것이라도 궁금증이 생기면 언제든지 자유롭게 질문했다(하지만 사실 선생님들은 종종 궁금증에 대한 명쾌한 답을 주지 않아 우리들은 수업이 끝날 때까지 서로 그것에 대해 논의해야 했다). 때로는 그러다가 진도를 거의 못 나가 버린 적도 있었지만, 선생님은 절대 진도에 연연하지 않으셨고 학생들이 한 부분이라도 제대로 배울 수 있기를 원하셨다.

  또한 선생님들의 수업은 경험적인 면이 많았다. 예를 들어 국어 수업과 같은 경우는 작품의 내용을 조별로 연극으로 표현하기도 했고, 과학 수업은 거의 교실보다는 학교 주변에서 관찰하고 실험하는 것으로 이루어졌다. 그리고 가끔 우리들이 너무 수업을 힘들어하면 김영주 선생님이나 황영동 선생님은 중간 중간에 재미있는 이야기로 학생들을 다시 집중시켰는데, 황영동 선생님의 '똥귀신' 이야기는 아직도 잊을 수가 없다. 블록으로 편성된 수업 사이에 주어지는 하루 두세 번의 긴 쉬는 시간(수업이 블록으로 묶이게 되면서 쉬는 시간은 30분이었다)도 너무나 특별했던 경험들이다. 이 시간에 우리는 마음껏 운동장에서 뛰어 놀았고 집중해서 책을 읽었으며 오랫동안 산속에서 쉴 수 있었다. 교실에 앉아있는 친구는 책 읽는 사람 빼고는 거의 없었는데, 요즘처럼 '기계문명'이 잘 발달하지 않았던 것도 이유였겠지만 컴퓨터나 핸드폰 없이도 충분히 재미있고 자유로웠기 때문이다.

특히 겨울이 되어 눈이 내리는 날이면 너나 할 것 없이 쉬는 시간 운동장으로 나와 눈싸움을 하거나 연무관에서 비료 포대를 이용해 눈썰매를 타곤 했다. 땀으로, 눈으로 온몸과 옷이 다 젖은 상태로 교실에 들어오면 얼마 지나지 않아 교실에 큼큼한 냄새가 진동을 했는데 우리는 이것마저도 '치열했던' 놀이의 흔적으로서 자랑스럽게 생각했다. 정규 수업 시간이 모두 끝나면 선택한 사람들에 한해 방과 후 활동이 시작된다. 대부분의 학생들은 기본적으로 국악 수업을 들었고 나는 추가적으로 선무도라는 전통무예를 배웠

● 3학년 때 여름계절학교 사진 목공 작업을 하는 모습. 학교에서는 아이들의 직접 경험과 활동을 배움의 가장 중요한 시간으로 삼았다.

다. 국악 수업은 일주일에 한두 번, 초빙한 외부강사를 통해 각자 향피리, 대금, 가야금, 거문고, 해금, 풍물 중에 한 악기를 1년 동안 배울 수 있는 수업이었다. 선무도 시간에는 무예뿐만 아니라 다도나 명상 등을 통해 전체적으로 몸을 다스릴 수 있는 법을 배웠다. 아마 이런 수업들을 다른 학교에서는 받기 어려웠을 것이다.

  1년에 두 번 있는 계절학교도 당시로써는 '남한산'만의 고유한 프로그램이었을 것이다. 주로 작품을 만드는 것이 목적인 여름 계절학교와 공연을 목적으로 하는 가을 계절학교를 통해 우리들은 일주일간 다른 사람이 되었다. 여름 계절학교 때는 각자 토기장이, 목수, 짚풀공예가 등으로 변했고, 가을 계절학교 때는 무대 위의 연기자, 춤꾼, 국악 연주자 등으로 변했다. 나는 여름 계절학교 때

● 주로 작품을 만드는 것이 목적인 여름 계절학교와 공연을 목적으로 하는 가을 계절학교를 통해 우리들은 일주일 동안 다른 사람이 되었다.

도자기 공예와 목공예 등을 선택했고, 가을 계절학교 때는 연극, 밴드연주 등을 했는데 연극 공연 도중 마이크가 안 나와 그동안 연습한 게 잘 드러나지 않았던 기억이 아직까지 생생하고, 도자기 공예 기간 중 물레를 잘 이용하기 위해 수업이 끝나고도 2시간가량을 연습했던 것이 생각난다.

'남한산'에서의 여행도 참 특별한 점이었다. 4학년 때의 부여·공주, 5학년 때의 경주, 6학년 때의 하동과 중국 등등. 그중에서도 가장 기억에 남는 것은 역시 6학년 때 졸업 여행으로 다녀온 중국이다. 5박 6일이라는 짧지 않은 시간 동안 안순억 선생님과 우리들은 베이징과 시안을 돌아다니며 사회 책에서 나올 법한 유명한 장소를 거의 다 돌아다녔다. 자금성, 병마용갱, 만리장성, 이화원 등의

● 3학년 여름 계절학교 때 짚풀 공예를 익히고 있는 모습이다.

유적지뿐만 아니라 유리창, 왕푸징 거리 등 아직도 사람들이 생활하고 있는 곳까지 구경하고 체험했다. 또한 운 좋게도 우리가 여행한 기간에 춘경절이 겹쳐 나를 비롯한 몇몇 친구들과 안순억 선생님, 그리고 김우석 선생님은 다른 친구들이 자고 있을 동안 호텔 주변에서 떠들썩한 폭죽놀이를 구경할 수도 있었다. 한편, 우리의 여행기간 중에는 해프닝도 많았다. 지금은 웃으며 추억할 수 있는 사건이지만, 한번은 해외여행이 처음이었던 친구들 중에 한 녀석이 공항에서 여권을 잃어버려서 모두가 공항버스에 발이 묶이게 되었고 선생님과 우리들은 공황상태에 빠진 적도 있었다. 그리고 나는 중국 상인의 바가지에 순진하게 속아 우리 돈으로 500원 정도의 콜라를 2,000원에 구입하기도 했다.

등굣길, 일상생활, 그리고 계절학교와 여행들까지, 내가 생각하는 '남한산'의 특별한 점들에 대해 정리하다 보니 마치 남한산초등학교는 학생들의 지적인 계발에 대해 신경 쓰지 않는 것처럼 보일 수 있으나, '남한산'은 수업 밖에서 독서를 통해 학생들을 지적으로 발달시켰다. 앞에서 말한 것처럼 선생님들은 수업 시간에도 학교 도서관에 아이들을 데려 갔고, 고학년의 경우에 가장 중요한 숙제 대부분이 독서 감상평이었을 정도로 독서의 중요성을 강조했다. 나는 6학년 때 매주 3~4권의 책을 읽는 것을 선생님과 약속했었다. 비록 매주 지키지는 못했지만 그때 읽었던 〈나의 라임 오렌지 나무〉 시리즈, 〈연금술사〉, 〈내가 나인 것〉, 〈나무〉 등의 책은 내가 사유할 수 있는 폭을 크게 넓혀 주었고 몇 달에 걸쳐 읽어야 했던 〈먼 나라 이웃나라〉와 같은 책들은 고등학교 수업에까지도 적지 않은 영향을 끼쳤다.

내 안에 남아있는 '남한산'에 대한 기억들은 이렇게 간접적으로, 혹은 직접적으로 나의 삶에 지대한 영향을 주었고 지금도 주고 있다. 비록 대부분의 수업 내용은 잊어버린 지 오래고, 정확히 어떤 선생님과 무엇을 했는지 잘 떠오르지는 않지만 순간순간 행복했던 느낌만큼은 잘 간직되어 내가 힘들고 어려울 때마다 나타나서 다시 일어나게 한다. 그리고 나의 삶 속에서 무엇인가를 잃어버린 것 같은 느낌이 들어 다시 찾아갔을 때, '남한산'은 말 없는 위로를 건네주며 잔인한 세상으로부터 안전한 마음의 고향이 되어준다. 이것이 마지막으로 내가 생각하는 '남한산'의 특별함이다.

'시험'이라는 현실에 직면하다

6학년 2학기가 시작되며 나의 고민은 중학교 진학에 있었다. 일반 공립중학교에 다니는 누나의 모습을 볼 때 과연 내가 그런 살벌함을 견뎌낼 수 있을지 두려웠고 다른 친구들과 집이 많이 떨어져 있던 나는 공립중학교에 진학하게 된다면 혼자가 될 수밖에 없을 것이라 생각했다. 결국 난 선배들이 많이 갔던 이우학교에 원서를 넣었다. 그해에 이우학교에 원서를 넣은 친구들은 나 이외에도 3명이 더 있었고, 글을 못 쓴 탓인지 아니면 진정성이 느껴지지 않은 탓인지 난 1차 서류심사에서 바로 떨어지게 되었다. 탈락 소식을 접한 그날의 충격은 아직도 기억이 난다. 함께 원서를 넣었던 3명의 친구들과 함께 발표 소식을 기다리고 있었는데 안순억 선생님이 나를 부르시더니 소식을 알려주시고는 안타까워하셨다. 누군가 떨어질 수밖에 없다는 것을 알고는 있었지만 그 사람이 내가 될 줄은 몰랐고, 이후의 전개는 내가 예상한 방향과 완전히 다른 쪽으로 흘러갈 것이라는 생각에 암담하게 며칠을 보냈다. 그러나 나의 미련과 상관없이 일은 순조롭게 진행되었다. 난 분당의 한 공립중학교에 배정되었고 반 배치고사를 치렀다. 남한산초등학교를 졸업한 뒤에는 교복을 맞추고 배치된 반에서 처음으로 선생님과 친구들을 만났다. 드디어 진정으로 한국 교육의 일반 과정 속에 들어오게 된 것이었다.

배정 받은 중학교에 정식으로 처음 등교한 날, 공립중학교에 대한 나의 첫인상은 다소 충격적이었다. 개교한 지 얼마 되지 않아 인근 중학교 중에서 가장 학생 수가 적었던 학교였지만, 25명이 같은 학년 학생의 전부였다가 300명이 넘는 학생들이 모두 동기라는 사실을 알게 되니 다소 당황스러운 느낌을 받았다.

'이 많은 친구들과 다 알아야 하는 것일까?'

'혹여나 이렇게 많은 친구들에게서 따돌림을 당하는 것은 아닐까?'

'이제 이 사람들과 경쟁해야 하는 것이구나!'

많은 생각들이 머리를 스쳐 갔다. 수업 또한 무척 다르다는 것을 느낄 수 있었다. 5년간 블록수업과 긴 휴식시간에 적응되었던 나는, 뭔가 알 것 같으면 끝나버리는 수업과 화장실 한 번 갔다 오면 끝나버리는 휴식시간들의 연속이 정신없게만 느껴졌다. 하지만 이런 단편들은 들은 공립중학교에 대한 현실감을 확실히 전해주지는 않았다. 나에게 현실감을 일깨워 주었던 건 바로 '시험'이었다.

이제껏 경험하지 못했던, 정기적이고 종합적인 중간·기말 시험들은 처음 마주한 순간부터 졸업 전까지 날 괴롭혔다. '남한산'에서는 나름 학업에서 좋은 결과를 얻었다고 생각하던 나였는데, 객관적인 등수와 석차가, 애매하게 포장되어있던 진실을 드러내자 그렇게 생각하던 나 자신이 너무나 부끄러웠고, 동시에 그동안의 삶이 부정적으로 느껴졌다. 학원에 다니기 시작했고, 인성의 올바름보다는 성적표의 등수로 판단이 내려지는 경우가 많았다. 부모님도 이전보다 더 나에게 성적의 중요성을 강요하셨다. 물론 부모님의 생각을 이해하지 못한 것은 아니었다. 내가 앞으로 살아가야 할 세상은 '남한산'과 같이 언제나 자유롭고 서로가 서로를 존중해주기만 하는 곳이 아니다. 그리고 어느 정도의 경쟁과 객관적인 평가를 요구하기 때문에 공립중학교에 입학한 이후로는 그런 면에 있어서 단련하고 노력해야 했다. 그러나 사방이 콘크리트와 아스팔트로 둘러싸인 곳에서 내가 살아있음을 느낄 수 있었던 것은 네모난 학교 운동장뿐이었고 '남한산'에서 자주는 아니어도 친구들과 선생님과 함께 갔던 연극 공연장은 학원 때문에 한 번도 가지 못했다. 방학 역시 의무로 채워야 하는 봉사 시간과 다음 학기를 위한 예습으로 오롯이 보내야 했다. 결론적으로, 경쟁과 평가에 대한 현실감은 얻었지만 '남한산'에서 경험한 더없이 인간적인 부분들을 잃게 되었다.

중학교 졸업을 앞두고, 고등학교까지 이렇게 지낸다면 난 결국 여느 학생들과 마찬가지로 '시험기계'로 전락하고야 말 것이라는 생각이 들었다. 우리나라의 대표적인 대입 관문인 수능시험을 무시할 수는 없었지만 그보다 나에게 중요한 것은 나의 인격성이었다(나는 이 인격성을 단순히 예의범절이나 성격의 원만함이 아닌 나의 존재성과 삶의 이유를 인식시켜주는 일종의 지표로 정의하는데, 자신이 자신의 존재성을 인식할 때야 비로소 목표를 세우고 그 목표에 따른 노력들을 할 수 있다고 생각한다). 그래서 결정한 곳이 대안 고등학교였다. 주위 많은 사람들이 좀 더 고려해 볼 것을 권했지만 망설일 이유가 없었다. 다행히도 초등학교 때와는 다르게 학교는 나를 선택해 주었고 담양의 한 시골로 떠나게 되었다.

 큰 기대를 품고 시작했던 고등학교 생활은 그리 만족할 만하지는 않았다. 누구에게도 말은 안 했지만 내심 '남한산'의 교육을 기대했던 나였기에 그렇게 될 수 없다는 것에 대한 실망감은 컸다. 우선 다른 일반적인 고등학교와 마찬가지로 자율학습을 실시했고 시간제 편성도 같았다. 또한 교육청의 인가를 받은 대안 학교였기에 정기적인 시험을 치러야 했고 기숙사에서 지내야 했던 학교였기 때문인지는 몰라도 나에게 주어진 자유시간은 부족했다. 한 학년 당 인원수가 중학교 때보다는 아니지만 '남한산'보다는 여전히 많았기에 모든 학생들과는 소통하지 못한다는 것과 어쩔 수 없이 수능시험을 철저히 준비시키는 학교의 태도도 내가 실망한 요인 중의 하나였다. 물론, 나의 갈망을 충족시켜준 부분도 많았다. 우선은 교과 외 활동의 비중이 타 학교들보다 크며 그런 활동의 의의와 커리큘럼이 잘 구성되어 있었다. 또한 '남한산'과 같이 토론과 과제 발표 등을 통해 수업 속에서 학생들의 참여를 이끌었고 여러 방법을 통해 학생들로 하여금 폭넓은 독서를 하게 하였다. 다른 학교에서는 거의 찾아보기 힘든 생태, 철학, 문예창작 같은 과목들을 통해 깊은 사유를 하게 된 것, 그리고 자연 속에서 하루를 보내는 것도 만족스러운 것이었다. 그러나 고3을 맞이하면서 난 나의 인격성에 대해 생각해 볼 겨를도 없이 수능을 준비해야만 했다.

● 한빛고등학교 시절 친구와 눈싸움하는 모습. 대안학교였지만 수능시험을 준비하고 자율학습 이나 시간제 편성에서는 다른 일반 고등학교와 같았다.

사실 수능시험에 대한 나의 생각은 굉장히 부정적이었는데, 단 하루의 시험으로 3년간의 모든 경험이 종이 한 장에 평가된다고 생각했기 때문이었고 '나'라는 존재에 대한 확고한 생각 없이 시험을 본 후 가는 대학은 시간 낭비일 뿐이라고 판단했기 때문이었다. 하지만 고2 때까지 그렇게나 인격성을 부르짖었던 나는 3학년 때부터는 내 안의 현실성을 추구하는 마음과 타협을 했고 모두가 한마음이 되어 같은 목표를 지향하는 수많은 친구들을 보며 겁이 났기에 나 또한 그 대열에 합류했다. 그렇게 몇 달간 그저 해야 하기 때문에, 남들도 다 하기 때문에 공부를 했다. 내가 하는 공부에 큰 의미를 두진 않았다.

그런데 여름방학을 맞이하며 좀 다른 시각으로 수능시험을 바라보게 되었다. 어느 정도 목표를 굳건히 정했기 때문에도 그랬지만 회피만이 답은 아니라는 생각이 들었기 때문이었다. 분명 '남한산'은 나에게 모든 역경과 고난들을 외면하고 부정하는 것을 가르쳐준 것이 아니라 그러한 힘든 과정을 극복하는 원동력을 주었던 것이다. 또한 내가 원하는 인격성이란 것은 짧은 시간을 통해 완벽해지는 것이 아니라는 것을 깨닫게 되어 조금은 마음을 비우게 되었다. 수능시험 자체의 문제점이 사라진 것은 아니지만 그 시험에 대하는 태도가 바뀌었으니 준비하는 마음도 달라졌다. 똑같은 공부가 힘이 덜 들고 쉬워진 것은 아니었으나 공부에 의미 부여가 되면서 열정이 생겼다.

그 후 또 몇 달이 지나가고 드디어 수능시험을 보게 되었다. 결과는 그렇게 성공적이지는 않았는데, 나의 진로의 한 부분인 어떤 대학이 요구하는 사항에 맞지 않는 것이었다. 의미 있었던 몇 달의 공부가 결과에는 큰 영향을 주지 않았던 것이다. 그러나 고등학교에서의 마지막 겨울방학 동안 난 깊은 고심 끝에 다시 한 번 도전해보기로 결심했다. 자아를 위한 시간은 일 년 더 가질 수 없겠지만 내가 꿈꾸는 방향으로 가기 위해서는 반드시 필요한 절차이고 이제는 진정으로 힘든 상황들과 마주할 수 있게 되었기 때문이다. 졸업 이후 지금 글을 쓰고 있는 2012년 4월 현재까지도 난 '남한산'이 준 힘으로 공부하고 있다.

내가 꿈꾸는 나의 모습과 계획

어릴 적부터 내 인생의 궁극적 목표는 '누구나 받아들일 수 있는 사회'를 만드는 것이었다. 수많은 사람들이 사회를 비판하는 것을 들으며, 일찍부터 사회에 문제가 많다는 것을 알았기 때문이다. 문제는 가장 효과적인 방법이 무엇이냐는 것이었는데, 초등학교 때는 그 방법이 국회의원이 되는 것이라 생각했다. 법으로 움직이는 사회에서 그 법을 만드는 국회의원은, 나의 눈에 모든 것을 해결할 수 있는 직업으로 보였다. 큰 꿈을 가지고 정치에 관련한 어린이용 도서를 읽었고, 아버지가 아시는 어느 국회의원 후보의 선거 캠프를 방문해보기도 하였다.

하지만 중학교에 올라와서 내 생각은 많이 바뀌었다. 국회의원이 되는 것에는 의사나 변호사처럼 확실히 정해진 조건이 없다는 것을 알게 되니 구체적인 실현 방안을 세우기가 까다로웠고, 무엇보다도 정치인 한 사람의 힘만으로 사회가 변화하기는 힘들다는 것을 깨닫게 되어 결국 정치인의 꿈을 포기했다. 그 이후 내가 주목한 것은 교사라는 직업이었다. 만약 내가 '남한산'의 선생님들처럼만 될 수 있다면, 훗날 사회를 움직일 주체들을 온전히 교육하여 간접적으로나마 사회를 변화시켜 나갈 수 있을 터였다.

비교적 오랫동안 지속된 교사의 꿈은, 고등학교 3학년 때 바뀌었다. 경제 과목과 철학 과목을 공부하며, 경제라는 것이 종교나 과학을 제외하면 무엇보다도 사회에 굉장히 큰 영향을 끼치며 사람들을 실제적으로 움직이게 하는 힘을 가지고 있다고 생각했다. 또한 학생들에게 교사만큼 큰 영향력을 줄 수 있으며, 어떤 한 학문에 대해 집중적으로 연구할 수 있는 교수라는 직업에 매력을 느끼게 되었다. 결국 그 둘을 종합해서 새롭게 가지게 된 꿈이, 현재까지 나의 목표인 경제학자였다.

뒤늦게 진로를 바꾼 이후 나는 더 구체적인 방향을 세우게 되었다. 반드시 졸업해야 하는 대학과 대학원의 목표를 정하는 것도 중요했지만, 가장 먼저 설정해야 할 것은 '어떤 경제학자가 되는가?'였다. 나는 경제학과 관련한 많은 책들을 읽고 자료조사를 위해 인

얼마나
많은 시간이 걸릴까?
어릴 적부터 내 인생의 궁극적 목표는
'누구나 받아들일 수 있는 사회'를 만드는 것이었다.

터넷을 조사하는 과정에서 내 목표에 근접하다고 생각하는 어떤 경제 연구소를 알게 되었는데, 그 연구소는 바로 유엔대학(United Nations University) 산하의 세계개발경제연구소(WIDER)였다(이 기관은 개발도상국들의 경제개발에 관한 문제를 연구하고 그런 나라들의 연구원들의 연수를 실시하는 등 개발도상국들의 경제개발을 위해 노력하는 곳이다). 비록 우리나라의 사회를 변화시키는 것은 다소 힘들게 될지는 모르겠지만 이 연구소에서 일하게 된다면 그보다 넓은 '세계'를 변화시킬 수 있겠다는 생각을 했다. 그때부터 나는 최종적인 구체적 목표를 이 연구소에서 연구원으로 활동하는 것으로 두게 되었다.

우리 사회의 변화는 학교와 교실에서 시작된다

우리가 살아가고 있는 대한민국 사회에서 많은 어른들이 "철 좀 들어라."라는 말을 자주 한다. 나 또한 어렸을 때부터 그런 말을 자주 들었고 그 횟수는 줄었지만 고등학교 때까지도 이런 말을 들어야 했다. 성숙해지길 간절히 바라는 그런 말을 들으며 항상 고민한 것은 왜 그래야 하는지에 대한 이유였다.

왜 어른들은 우리가 철이 드는 것을 원할까? 여러 가지 이유가 있겠지만 난 사회의 기본 구조를 유지하는 것에 대한 갈망이 크기 때문이라고 생각한다. 사회를 움직이고 있으며 이미 이 사회에 많은 것을 의지하고 있는 어른들에게 가장 기본적인 사회의 틀을 흔드는 행동이나 생각은 그들에게 혼란과 불안감을 증폭시켜주기만 할 뿐인 것이다. 예를 들어, 오늘날 중요한 사회 이슈 중 하나인 학생인권조례안에 대해 반대 여론이 강한 것을 다른 시각으로도 설명할 수 있으나, 그 조례안이 오랫동안 유지되어 온 사회의 기본 구조를 흔들고 있기 때문이라고 해석할 수도 있는 것이다. 물론 안정된 질서와 구조는 모두 함께 살아가고 있는 이 사회가 비교적 순탄하게 돌아갈 수 있게 만들어준다. 그러나 그것이 개방성을 갖추지 못한 채 강요될 때, 사회의 여러 가지 문제들은 해결되지 않은 채로 고스란히 다음 세대에 전달된다.

　난 우리나라의 공교육 문제도 이런 관점에서 해석할 수 있다고 생각한다. 주위 사람들의 이야기를 들어보면, 흔히들 공교육이 오래전부터 위기를 맞아온 이유를 사교육 시장의 팽창과 교권 실추, 그리고 좋은 수업이 없기 때문이라고 생각한다. 물론 맞는 이야기지만, 가장 중요한 원인은 대부분의 학생들이, 자신들이 생활하는 학교 내부와 외부에서 사회를 유지하는 역할만을 강요받고 있다는 데에 있다. 결론적으로 어른스러움만이 강조되고 있는 것이다.

　내가 '남한산'이라는 이상적인 공간에 있다가 일반 중학교에 올라갔을 때 의아했던 것 중의 하나는 아직 학교 밖 세상을 경험하지도 않은 많은 학생들이 어른들처럼 사회의 잔인하고 냉혹한 경쟁에 대해 마치 다 알고 있다는 듯이 말하고 행동하는 것이었다. 그들이 진짜 사회의 그림자에 대해 경험을 한 것일까? 그리고 스스로 그렇게 되었을까? 난 그렇게 생각하지 않는다. 세상의 어두운 면으로부터 가장 안전해야 할 필요성이 있는 가정에서부터, 학생들은 미디어나 어른들의 훈계를 통해 지속적으로 암울한 경쟁사회에 노출되도록 강요받는다. 또한 그렇게 머릿속에 잔뜩 심각함을 품고 등교한 각각의 학생들이 학교에 모이게 되면서 자연스럽게 서로서로 알지 못했던 새로운 그림자를 공유하게 되면서 경험하지는 않았지만 충분히 알고 있는 것처럼 행동하게 되는 것이다.

문제는 이렇게 일찍부터 실패감과 치열함을 경험한 학생들의 상당수가 현실에 안주한다는 것이다. 자신에게 한 번 넘을 수 없는 벽이라 고정된 현실에 대해 계속해서 도전하려는 사람은 많지 않기 때문이다. 모든 삶의 기간 중에서 가장 치열하게 꿈을 꾸고 쇠도 녹일 듯한 열정으로 살아가야 할 학생들이 단순히 돈을 많이 벌 수 있는 직장을 잡기 위해 노력하는 오늘날의 현실은 앞으로 우리나라가 어떤 방향으로 나아갈지 충분히 보여주고 있다.

그렇다면 어떻게 해결해야 하는가? 많은 방법들이 있을 것이고 또한 그런 방법들을 고안해 내는 것은 교육 정책 입안자분들의 몫이지만, 내 생각으로는 우선 앞에서 말한 바와 같이 학교 외부의 공간에서 학생들이 '현실'로부터 자유로워져야 할 것 같다. 가정에서, 혹은 다른 외부로부터 그들이 끊임없이 도전하고 꿈꾸는 것을 허용받는다면 적어도 답답함과 좌절감 때문에 삶을 포기하는 학생이 생기는 것은 막을 수 있을 것이다. 그런데 실상 가정과 기타 외부사회를 변화시키는 것은 너무 추상적이며 접근하기 까다로운 부분이다. 필요한 것이 학교의 변화라고 생각한다. 이 부분의 구체적인 방향에 대해서 나는 남한산초등학교의 방식이 옳다고 감히 말할 수 있다. 남한산초등학교의 방식이 무엇인지, 왜 옳은지는 내가 그 속에서 경험하고 느낀 점들과 연관이 있다.

어떤 물건의 소중함은 그 물건이 없을 때 가장 절실히 느껴지는 것처럼, 나 또한 '남한산'을 졸업하고 나서야 '남한산'에서 내가 배운 것이 뭔지, 무엇이 좋았는지를 정리할 수 있었다. 다른 학교들이 가지지 못한 것, 그리고 중요하게 생각하지 않았던 '남한산'만의 특징은 결국 학생들의 창의성과 순수성을 극대화시키며, 그것이 밖으로 발현될 수 있는 기회를 제공한다는 것이다. 지금 '남한산'의 재학생들도 그럴지는 모르겠지만, 내가 초등학교에 다닐 때는 매일 아침 친구들과 함께 뒷산에 올라 숲을 느낄 수 있었고, 어떤 전자기기나 도구 없이도 즐겁게 놀 수 있었으며, 일주일 동안 연극에만 매달려 볼 수 있었고, 우리들만의 힘으로 작은 움막을 지을 수도 있었다.

이러한 것들 이외에도 다른 학교에서는 보기 힘든 경험들을 통해, 나와 '남한산'의 학생들은 마음껏 상상력을 키워나갈 수 있었다. 그리고 결국에는, 중학교 때부터 지금까지 겪은 수없이 많았던 좌절과 암담한 순간에서도 남들처럼 현실에 안주해 버리지 않게

● 다른 학교에서는 보기 힘든 경험들을 통해, 나와 '남한산'의 학생들은 마음껏 상상력을 키워 나갈 수 있었다.

해준 동기가 되었다. 아마 나 외에도 많은 '남한산'의 졸업생들이 공감할 수 있을 것이라 생각한다.

물론, 언급한 경험들 모두를 학교가 계획하고 진행한 것은 아니었다. 그 누구도 뒷산에서 마음껏 놀지 않으면 벌점을 준다고 말하지 않았고 운동장에서는 전통놀이만 하도록 강요하지 않았다. 그렇지만 '남한산'은 그 자체로 '외부세계' 위험으로부터 학생들을 보호하였고, 이미 다른 곳에서 '조숙' 되어가기 시작한 아이가 내면의 순수성을 회복할 수 있도록 도와주었다. 내가 우리나라의 많은 학교에 요구하고 싶은 것이 바로 이런 면이다.

학교는 사회로부터 학생들의 순수성을 지켜주는 최후의 보루가 되어야 한다. 그러기 위해 먼저 학교의 자율성이 보장되어야 하고, 더 작게는 교실 안에서 자율성이 보장되어야 한다. '남한산'이 가장 먼저 탈피한 것도 획일적인 학습계획과 수업이었다. 일반 학교의 수업에서는 어쩔 수 없이 교육청과 교장선생님의 입김이 강하게 작용하게 되는데, 이것이 개선되지 않는 한 학생들은 그저 칠판을 통해 전달되는 딱딱한 교과서적 지식만을 습득하게 되며 수동적으로 변해간다.

다음으로 필요한 것은 선생님과 학생 간의 관계 회복이다. 오늘날의 학생들에게서 '은사'라는 개념이 점점 사라져 가고 있는데, 이것은 선생님과 학생이 진정한 삶의 교감을 이루어 내지 못하고 있음을 보여준다. 학생들에게도 문제가 있긴 하지만 전적으로 학생들의 문제인 것은 아니다. 강력한 교권을 부여하는 것도 올바른 방법이 아니다. 선생님이 앞장서서 학생들과 진심으로 소통하려 노력하고, 그들의 인격을 존중해 주기 위해 헌신할 때, 학생들은 자연스럽게 마음을 열고 선생님을 따르게 된다. 교과서에 나오는 지식을 예전처럼 학교 선생님에게서만 얻을 수 있는 시대는 지나갔기에, 이제 선생님들의 역할은 학생들의 내면에 영향을 주는 것에 있어야 하는 것이다.

 점점 늘어가고 있는 혁신 학교들을 보며, 사실 기대감만 있는 것은 아니다. 나는 혹여나 학교의 혁신이 제도나 형식 면에서만 이루어지는 것은 아닌지, 그래서 혁신 학교에 많은 기대를 걸고 있는 학부모님들과 학생들에게 실망감을 안겨주는 것은 아닐지 염려하고 있다. 그럼에도 희망인 것은, 이제는 사람들이 참교육에 대한 고민을 직접 해결하고자 노력하기 시작했다는 것이다. 앞으로 얼마나 많은 시간이 걸리게 될지, 얼마나 많은 시행착오가 생겨날지는 모르는 일이지만 시작이 반이라는 말처럼 혁신학교는 이미 우리나라 공교육의 문제점을 반은 해결했다고 생각하며, 더 큰 관심과 노력이 지속된다면 머지않아 학생들이 가고 싶어 안달하는 학교를 만들 수 있을 것이다.

김대훈 2000년 겨울 당시 1학년 때 남한산초등학교로 전학을 왔다. 눈이 내리는 날 눈싸움을 하거나 연무관에서 비료 포대를 이용해 눈썰매를 타곤 했다. 땀과 흙이 범벅되어 교실에 들어오면, 냄새가 진동했는데, 오히려 그것이 자랑스럽게 느껴졌던 기억을 가지고 있다.

내가 원하는 것을
배울 수 있게
한 학교

이재경

산 위에서 숨 쉬다 : 남한산초등학교에서의 기억들

나와 동생은 기관지가 좋지 않았다. 나는 알레르기성 비염으로 종양처럼 코의 안쪽이 부어올라서 코로 숨 쉬기가 어려웠기 때문에 주로 입으로 숨을 쉬어야 했다. 그런 나에게 엄마는 산 위에서 맑은 공기를 마시며 지내면 좋아질 것이라며 남한산초등학교로의 전학을 넌지시 물어보았고 나는 생각을 많이 하지 않고 좋다고 하였다. 그때가 3학년이 끝나갈 즈음이었고 나는 전학을 간다는 이유로 약 한 달 정도 쉬면서 놀았다. 그리고 그 겨울에 나는 엄마, 동생과 함께 남한산초등학교를 찾아가게 된다. 그때 당시 남한산초등학교 운동장에서는 아이들이 눈을 가지고 놀고 있었고 나는 그곳으로 가서 논 기억이 있다. 그때 나는 눈을 가지고 놀고 내 또래의 누군가를 만난 것만 희미하게 기억날 뿐이다. 이것이 아마도 '남한산'과 나의 첫 만남일 것 같다.

　내 본격적인 '남한산' 생활은 남한산성 불당리에 있는 허름한 집으로 이사한 것에서 시작되었다. 그 전에 우리 집은 상대원에 위치해 있었기 때문에 남한산초등학교로 등하교하기에는 문제가 있었다. 우리 가족은 아빠를 남겨두고, 동생과 함께 '남한산'으로 전학을 가게 된 동생 친구 선준이네 가족과 불당리 원룸에서 살게 되었다. 그 후 산성동으로 이사할 때까지 그곳에서 선준이네와 1년 반 동안 함께 지냈다.

남한산초등학교에서 수업은 블록제로 80분 2교시를 한 후에 쉬는 시간이 있었다. 이러한 수업 방법으로 쉬는 시간 횟수는 줄었으나 쉬는 시간이 한번에 30분으로 늘어났기 때문에 쉬는 시간에 오래 놀 수가 있었고 이것은 단순히 놀기만 하는 시간이 아니라 쉬는 시간을 좀 더 다양하고 많은 방법으로 활용할 수 있도록 해주었다.

쉬는 시간에 놀 때에는 혼자나 몇몇 그룹이 아니라 주로 학년 전체가 함께 놀았다. 노는 것도 여러 가지가 있었다. 운동장에서는 반별 축구 대항전을 하기도 하고 오징어살이나 쥐살이도 하고 오재미나 다방구도 하고 놀이터에서는 얼음땡이나 술래잡기를 주로 하였고 학교 뒤편에서는 숨바꼭질과 돈가스 등 여러 놀이를 하면서 서로에 대한 유대감을 높이고 우정을 길렀다.

수업은 일반 수업과 특성화 수업으로 나누어져 있다.

일반 수업은 다른 학교들처럼 국어, 수학, 영어 등 일반적인 과목들로 이루어졌는데, 단순히 진도만 나가는 것이 아니라 아이들이 최대한 이해할 수 있도록 수업이 진행되었다. 한 반에 학생 수가 20여 명이었기 때문에 수업 중에 조금 더 많은 관심과 가르침을 받을 수 있었고, 선생님들은 정해진 진도와 상관없이 학생들의 이해를 돕는데 무엇보다 집중하셨다. 또한 수업은 정해진 교실에서 정해진 분위기에 따라 이루어진 것이 아니었다. 마치 '공부'라는 놀이를 하는 것처럼 즐거운 분위기 속에서 장소도 교실뿐만이 아니었다. 책상에 앉아서만 수업한 것이 아니라 바닥에 앉거나 뒷산

공티, 자연 속에서도 이루어졌다. 덕분에 우리는 수업을 지루하게 생각하지 않고 열심히 배울 수 있었고, 토론과 토의를 통해 생각을 공유하면서 나는 수많은 생각들을 하고 내 생각의 폭을 점점 넓힐 수 있었다.

특성화 수업으로는 국악, 사물놀이 선무도가 있었다.

국악 수업에서는 가야금, 해금, 대금, 피리, 거문고 중에서 한 가지를 선택을 해서 매주 2번의 수업을 하였다. 이를 통해 우리들은 우리 국악기에 대해 조금 더 알 수가 있었고 이를 배우고 연주하는 과정을 통해 대중적인 가요나 팝 같은 노래가 아닌 우리 국악에 대해 느끼고 합주와 독주를 하기도 하면서 다른 음악들만큼이나 국악이 아름답고 좋은 것을 알게 되었고 국악을 좋아하게 되었다. 그리고 국악을 배우며 우리 민족의 음악과 생활에 대해 생각을 해볼 수 있었다. 또한 이러한 국악기 연주를 배우면서 많은 흥미를 느끼고 국악을 하는 길로 가는 아이들도 생겼다.

사물놀이는 북, 장구, 꽹과리, 징을 배웠다. 사물놀이 장단을 연주하며 박자를 맞추면서 하나 됨을 느끼고 우리의 장단들과 박자에 대한 것들을 알 수 있었고 과거 농민들의 정서를 느낄 수 있었다.

선무도는 매주 2번씩 수업을 하였는데, 준비운동부터 시작해서 간단한 동작을 수행하는 수업이 주를 이루었고 명상을 하기도 하였다. 선무도는 불교에서 시작되었기에 육체적인 것뿐만이 아닌 정신적인 수업도 존재하였기에 우리의 몸과 마음을 건강하게 해주

● 학교에서 이루어지는 특성화 수업으로는 국악, 사물놀이 선무도가 있었다. 사진은 탈춤 연습을 하는 모습이다.

었다. 지금도 나는 생각이 복잡하고 어지러울 때는 형태나 방식은 다를지 모르지만 눈을 감고 명상을 하면서 생각을 정리하거나 더욱 섞어본다.

   5학년인가 4학년 방학 때 신청을 통해서 사부님이 수행을 하셨던 호압사로 캠프를 간 적도 있었다. 4일간 캠프를 하면서 발우공양을 통해 음식의 소중함과 음식을 남기지 않고 깨끗하게 먹는 법을 배우고 선무도 수행을 통해 몸 쓰는 법을 배우고 즐겁지만 매일 밤 1,000배씩 도합 3,000배를 할 때는 매일 밤 힘들었고 지쳤지만 친구들과 같이하면서 즐거웠고 그 와중에도 말장난 등을 하면서

● 여름 계절학교 때 주로 목공을 배웠던 기억이 많이 난다.

우정을 더 돈독하게 쌓을 수 있었다. 하지만 3,000배와 매일 새벽에 불경을 외거나 하는 것은 힘이 들었다.

 6학년 때는 사부님과 안순억 선생님이 녹차 밭으로 데려가 주셨는데 거기서 녹차를 따고 닦고 발효시켜 차 만드는 과정을 체험해 보면서 차가 어떻게 만들어지고 얼마나 힘든 일인지를 알게 되었고 다도에 대하여 배우면서 차와 사람에 대한 이야기 등을 들으면서 우리에게 많은 것을 알려 주시기도 하고 마지막으로 우리가 직접 만든 차를 받았다.

 이러한 수업 외에도 학교에서는 다양한 행사와 활동을 하였다.

● 차를 마시면서 우리들이 나눈 이야기들은 살아가는 데 필요한 자양분이 되었다.

여름에는 여름학교를 하는데 여름학교에서는 서각, 목공예, 인형 만들기, 퀼트 등의 활동 중에 한 가지를 선택해서 선택한 것을 배우고 배운 것을 바탕으로 자기 작품을 만들어서 전시를 한다. 가을에는 가을학교를 한다. 가을학교는 연극, 탈춤, 댄스, 풍물, 등 중에서 한 가지를 선택해서 배우고 연습을 한 뒤에 남한산성 가을축제 때 무대 위에서 공연을 하였다.

이런 계절학교로 여러 가지를 배우고 활동을 하면서 경험도 쌓고 감성을 기르면서 제작을 하거나 공연을 하는데 얼마나 시간이 들고 힘이 드는지 알게 되고, 이러한 것들에 관심을 가지거나 자기가 마음에 드는 활동 쪽에 꿈을 가지거나 나중에 동아리 등의 활동을 할 때 충분히 도움을 줄 수 있는 유익한 수업 들이었다.

숲 속 학교는 1박 2일로 학부모님과 학생들이 학교에서 캠프를 하면서 여러 가지 프로그램을 한다, 장기자랑이나 담력훈련 같은 캠프를 하면 일반적으로 할법한 것들을 한다. 그 외에도 천연염색이나 남한산성 순례, 식물의 소리 듣기 등의 활동들을 하면서 많은 경험을 쌓고 나중에 이 경험들을 한 것이 다음에 이런 활동들을 다시 해보거나 이런 활동들을 기획하고 시행하는데 도움이 되기도 하였다.

마지막으로 '다모임'이 있었는데 다모임은 학생들과 선생님들이 매주 1시간씩 모여서 학교 생활 전반에 대해 이야기하고 이야기를 듣고 나누면서 해결책을 내거나 보완점을 생각해 보는 시간으로 일종의 학생 자치 활동이었다. 다모임은 학생 자치와 학교 생활과 공동체의 예절 민주주의 같은 것을 초등학교 때부터 배울 수 있었다.

이와 같은 '남한산' 수업들과 활동들을 통해 나는 수많은 지식들을 쌓을 수 있었고 경쟁과 배척보다는 협동심과 공동체 내에서의 배려들을 '나 혼자보다는 함께'라는 것을 얽매이는 것보다는 자유로움과 그에 따른 책임 인내와 열정을 당연하다고 배우고 그러한 것을 당연하다고 생각하며 살 수 있었다. 이러한 지식들은 학업 성적

향상이나 진학에는 별로 도움이 되지는 않을지 모른다 하지만 내가 지금까지 살아가고 앞으로도 계속 생활을 함에 있어서 도움이 되고 있고 앞으로도 될 것이며 이러한 것들이 나를 성장하게 하고 내가 지금의 내가 될 수 있는 밑거름이라고 생각한다.

선생님과 친구들에 대한 기억

4학년 들마을 우리 기수가 처음으로 남한산 생활을 시작했을 때 담임 선생님을 맡으신 김순옥 선생님은 내 기억 속에서는 따뜻하시면서 강인한 분이다, 내가 전학을 오고 어색해서 적응을 못하고 맴돌거나 수업 중이나 수업 전에 교실 뒤편 책장에서 책만 읽고 있을 때 나를 불러서 꾸짖으시고 그때 내가 힘들어하거나 슬퍼하면 따뜻하게 감싸 안고 격려를 해주셨고 하셨고 내가 감정이 격해져서 친구와 싸우면 나를 불러서 내 얘기를 들어 주시고 내 마음을 감싸주셨다. 그런 '들판짱' 김순옥 선생님 덕에 나는 마음이 누그러지고 따뜻해졌다.

5학년 강마을의 담임선생님을 맡으신 김철수 선생님은 예측하기가 힘든 분이셨다. 어떨 때는 우리를 감싸 안아주시다가 어떨 때는 우리를 몰아치시거나 또는 우리에게 무엇을 전해 주시거나 하면서 아리송하면서도 싫지는 않고 좋은 느낌이 드는 그런 선생님이셨다.

● 선관무 사범님께 서각을 배우는 모습

6학년 하늘마을의 안순억 선생님은 고맙고 존경하시는 선생님이고 아직까지도 우리를 잊지 않으시고 챙겨주시는 선생님이다. 매일 아침에 1교시가 시작하기 전에 우리를 데리고 뒷산으로 올라가 뒷산에서 자연에 대해 얘기하시고 우리와 자연이 소통하는 법을 가르쳐주셨다. 나무와 이야기하고 나무에 기대어 이야기하고, 그러면서 자연에 존재하는 생명들을 느끼게 해주셨고, 숲에 누우며 풀이나 낙엽의 감촉과 소리를 느끼며 하늘을 보고 눈을 감으며 한 줌의 여유를 즐기는 법을 가르치셨다. 그리고 산책을 끝내고 뒷

● '남한산 3기' 하늘은 소중한 친구들이다. 3년 동안 같은 학급으로 지내면서 매일 같이 뛰어놀고 즐겁게 얘기하고 수학여행에서도 차를 따라갔을 때도 함께했고, 지금도 그들과 만나면 즐겁고 행복하다.

산에서 내려와 차 한잔을 따라주시고 우리와 같이 마시면서 우리가 느낀 것이나 그 외에 우리들 이야기를 물어보시면서 여러 이야기를 들려주셨다. 그런 이야기들은 우리들이 살아가는 데 필요한 피와 살이 되었다. 또 우리와 같이 놀면서 우리에게 여러 놀이를 가르쳐 주셨다. 쥐살이, 오징어살이, 다방구, 동그라미살이 등 운동장에서 다 같이 놀고 즐길 수 있는 놀이를 가르쳐 주시고 우리에게 다가오셔서 우리와 눈높이를 맞추시고 많은 것을 챙겨주셨다.

우리 '남한산 3기' 하늘은 나에게 소중한 친구들이다. 3년 동안 한 학급으로 지내면서 계속 부딪히고 하나가 되어 지냈다. 매일 같이 뛰어놀고 즐겁게 얘기하고 수학여행에서도 차를 따러 갔을 때도 마지막 MT 때도 다른 게 아니라 우리가 함께이고 같이 뛰어놀고 즐기고 이야기했기 때문에 그것들이 특별했을 것이고 지금도 '남한산 3기' 하늘 친구들과 만나고 놀고 이야기하면 즐겁고 행복하다. 우리 3기 하늘은 절대 잊을 수 없는 나의 소중한 친구들이다.

'최악의 4년' : 일반 학교 경험

솔직히 나는 상급학교 진학을 결정해야 할 시기에 별다른 생각이 없었다. 그저 졸업하기가 싫었다. 그러다 정이나, 찬울이가 이우학교에 간다는 얘기를 듣고 나도 이우학교로 갈까 생각을 해보았고 또 우리가 진학을 하지 않는다는 것을 듣고 그쪽으로도 생각을 해보았지만 그냥 일반 학교 진학을 결정했다.

일반 학교에 진학을 했어도 나는 남한산초등학교와 같은 환경이나 친구들을 생각했었고 단지 3기 하늘 친구들과 못 만난다는 것과 교복을 입는다는 것에 대해 생각을 할 뿐 그 외에 별다른 생각은 하지 않았다. 그런데 그것은 큰 착각이었고, 그로 인해 나의 최악의 4년이 시작되었다.

일반 학교로 진학했을 때 내가 느낀 것은 내가 다르다고 생각했던 것들보다 실제는 더욱더 달랐다. 수업 중에 선생님은 학생 수가 많기 때문에 누구를 일일이 챙기지도 않았고 수업은 아이들의 이해나 배움의 정도에 따르는 것이 아니라 무조건 정해진 대로 진도를 나갔다. 아이들의 이해를 돕는 것이 아니라 무조건적인 주입식 교육을 받았다.

그리고 이러한 배움은 시험 외에는 아무 쓸모가 없었다. 생활에 도움이 되거나 살아가는 데 도움이 되는 지식과 공동체의 예절과 배려 같은 것을 가르쳐야 할 도덕은 그저 의미 없는 가르침에 불과했다. 그러면서 성적을 올리고 경쟁을 위한 교육을 하면서 도태되는 아이들에게는 신경을 쓰지 않는 교육을 받게 되었다.

교칙은 매우 빡빡했는데 교칙 안에 복장과 두발에 대한 것만 신경을 썼지 그 외에 학생들의 생활이나 그런 것은 전혀 신경을 쓰지 않고 획일화된 틀에 우리를 억지로 맞춰 놓으려 하였다.

이러한 것에 반발을 느낀 나는 내가 어디에도 속해 있지 않고 어색함에 멀뚱하게 있게 되었고 다른 아이들은 그런 나를 만만하게 본 것인지 나를 괴롭히기 시작했다. 내가 '남한산'에서 배운 것처럼 하나가 되고 협동하며 포용하는 것이 아니라 무리를 나누고 서로 경쟁하며 배척하는 것이었다.

그 속에서 나는 철저히 이방인이었고, 그 어떤 무리에도 속하지 않은 약해 빠진 자라고 생각을 했는지 처음에 2~3명 정도만 나를 괴롭히더니 그 수가 점점 늘어나서 1학년 중간까지는 10~20명 정도가 나를 괴롭히는데 동참하였다. 그때는 나에게 공부와 독서, 집만이 유일한 안식처였고 그 외에는 나에게 짜증나는 순간들이었다. 결국에는 이러한 것들이 폭발을 하여 나는 1달 동안 3차례 싸움을 하게 되고 그 이후로는 괴롭힘은 없었으나 나에게 친구도 없었다. 그리고 선생님들은 내가 싸웠을 때 1~2회는 그저 사소한 문제로 생각하고 나와 싸운 아이만 처벌을 하였다. 그리고 내가 3번째 싸우고 나서 반성문을 썼을 때야 그 속에서 내가 괴롭힘당하는 것을 알게 되었고 그건 그냥 반 차원에서의 체벌만으로 끝맺었다. 그렇게 1학년 때의 괴롭힘은 사라졌고 2학년이 될 때까지 그냥 지나가게 된다.

  2학년이 되었을 때 다시 괴롭힘이 시작되었다. 나를 괴롭히던 녀석들은 아니었고 내 얘기를 전해 들은 양아치들이었다. 그때 나는 이런 문제를 나 혼자 끌어안고 있지 말고 부모님과 선생님들에게 이야기를 하고 해결을 하기를 원했지만, 그렇게 되지는 않았다. 부모님은 그 아이들에게 얘기한다면서 일을 해결하지도 못하고 오히려 부모님에게 고자질을 했다고 괴롭힘이 더욱 심해졌고, 선생님들은 내가 당하고 있는 것이 나쁜 것이라고 하거나 관심이 없거나 그 아이들을 불러서 간단한 훈계만 주었다. 그리고 그 이후 나는 더 괴롭힘을 당하게 되었다.

  이 때문에 나는 이런 학교에서 멀어지고 지금의 교육에 대하여 생각하고 '남한산'과 비교를 하면서 문제가 있다고 느끼게 되었다. 이렇게 2학년이 끝나고 3학년이 되었을 때 나를 괴롭히던 녀석들과 떨어지고 그나마 좋은 친구 몇 명을 사귀게 돼서 괴롭힘은 멀어졌지만, 그 경험에 의해 내 마음은 상처를 입고 작금의 현실을 부정적으로 바라보게 되었다. 그래서 나는 고등학교 진학을 결정해야 될 때 일반 학교가 아닌 대안 학교로 결심을 했다. 여러 방면으로 알아보고 고등학교는 대안 학교 진학을 신청하였으나 면접 보는 과정에서 떨어지게 되었고 일반 고등학교에서 1년을 더 지내게 되었다.

일반 고등학교는 일반 중학교와는 또 달랐다. 입시를 위해 옷과 두발뿐만 아니라 우리 생활 전반을 간섭하고 강제하게 되었다. 야간자율학습은 자율이 아니었다. 강제로 그 자리에서 동의서를 쓰게 하였고, 8교시 보충학습과 방학보충도 강제였다. 또한 체벌도 중학교보다 심해졌으며 선생님들의 관심사는 학생이 아니라 학생의 성적과 진학만을 주로 관심을 가지고 우리를 획일화시키고 강제하였다.

이렇게 1년을 버티고 나는 한빛고등학교에 합격을 해서 전학을 가게 된다.

한빛고등학교는 남한산초등학교와 같으면서도 달랐다.

아이들은 기숙사 생활을 하면서 협동과 공동체에서 예의와 배려를 배울 수 있었지만, 중학교에서 머리가 굳은 채 와서 그런지 일반 학교처럼 남을 배척하고 경쟁하는 분위기는 없으나 기숙사에서 후배를 괴롭힌다거나 물건을 도난당한다거나 하는 문제가 있었다. 하지만 학습을 강제하는 분위기나 왕따 같은 문제는 없었으며 선생님들도 학생들을 잘 챙겨주시고 우리와 허물없이 지내며 친근하게 다가왔다.

일반 중·고등학교와 남한산초등학교, 한빛고등학교의 교육을 비교해 본다면, 나는 제일 이상적인 것은 남한산초등학교의 교육이고 현실에서 제일 나은 방편은 한빛고등학교의 방식이고 일반 중·고등학교의 방식은 완전히 갈아엎어야 된다고 생각한다.

일반 중·고등학교는 수업의 진도는 정해져 있는 만큼의 진도를 나가고 아이들의 이해와 집중보다는 진도를 나가며 많은 지식을 쑤셔 넣고 모든 학생이 아닌 이 수업을 받아들이고 시험을 잘 볼 수 있는 학생들에게 초점이 맞추어져 있다. 이러한 것을 방지하기 위해 우열반이라는 것을 나누어서 수업을 하기도 하지만 현재의 무한 경쟁 체제에서는 열등감을 주기도 하고 우열반을 나누어도 실제 진도를 나가는 것은 똑같기 때문에 별다른 차이가 없다. 또한 사교육을 받은 아이들과 안 받은 아이들의 차이가 생기게 된다. 선행학습을 한 아이들은 이미 선행학습을 통해 배운 내용이기 때문에 가볍게 넘어가거나 복습을 하거나 이해를 하며 들을 수 있었다. 그렇지만 진도가 막 넘어가기 때문에 다른 아이들은 이게 무슨 내용인지를 이해하지 못하게 된다. 이렇게 진도를 마구 나가며 이해를 시켜주지 않고 그냥 쑤셔 박는 수업을 듣고 이해를 하지 못하는 아이들은 공부가 어렵고 멀게만 느껴지고 공부에서 점점 멀어지다가 결국에는 이런 학업성취도 경쟁에서 도태되는 것이다. 물론 학교 외의 시간에 놀기만 해서 그럴 수도 있다고 할 수 있다.

그러나 그것보다 근본적인 것은 아이들을 가르쳐야 할 학교에서 그런 아이들의 이해를 돕는 것이 아닌 지식을 그냥 퍼뜨리고 알아서 하라는 식의 수업이 문제가 되는 것이다. 또한 이러한 진도 나가기 식의 주입식 교육의 문제점 중의 하나는 입시에 관련된 공부를 가르치기 때문에 우리가 살아가는 데 필요한 상식이나 생각의 넓이를 키워주는 철학 사회에서 꼭 필요한 공동체 의식과 주인 의식을 기르는 것을 가르쳐주지 않는다. 이 때문에 우리나라 중고등학교 상위권에 드는 아이들은 세계 대회 같은 곳에서 우승을 하지만 이러한 문제풀이에만 특별할 뿐이지 생각의 깊이와 넓이, 사고력과 창의력은 떨어진다. 대학에 진학을 하고 사회에 나가게 되면 세계에서 봤을 때는 수준이 뚝 떨어지게 되고 사회에서 살아가고 사회 발전에 이바지를 하지 못한 채 사회의 부품이 되어서 살아가게 된다.

한빛고등학교에서의 수업은 일반 학교의 입시 교육에 대한 것은 일부를 계승하지만 대학입시 공부를 강요하지는 않고, 입시 공부를 최소화하여 교육청에서 내려준 필수 이수 시간만을 수업하고 그 외의 남는 수업 시간이나 방과 후 시간 등을 입시 공부가 아닌 다른 프로그램이나 자율 활동 등으로 채워 넣었다.

그렇다고 공부를 하고 싶어 하는 아이들을 소홀히 하지는 않았다. 방과 후 시간에 학교 선생님들에게 과외 수업을 받는 활동들을 제공하고 학원 대신 인터넷 강의를 들을 수 있도록 하여 공부하고 싶어 하고 대학 입시를 준비하는 학생들이 공부를 하지 못하는 경우는 없었다. 그러면서 정규 수업 시간에 아이들의 사고 능력과 창의성을 높이기 위한 철학, 자연과 노동의 중요성을 농사를 통해서 가르쳐주는 생태입문 등의 수업이 있었다. 방과 후에는 각자 원하는 동아리 활동을 하거나 운동을 하거나 산책을 하며 시간을 보내다 저녁을 먹은 이후에는 사회문화, 컴퓨터 그래픽, 외국어 등 자신이 원하는 활동을 선택해서 하였다. 이러한 생활을 하면서 아이들은 자신이 흥미를 나타내는 활동을 하였고 대학입시 공부보다는 그러한 활동을 통하여 경험을 쌓았다. 수능이나 논술을 통하지 않고 여태까지 쌓은 경험과 사고력으로 면접을 보거나 활동을 통해 쌓은 경험을 담은 자기소개서를 제출함으로써 특별 전형 시험 등을 통하여 대부분 대학에 진학하였다.

남한산초등학교에서는 수업을 나갈 때 진도에 맞추어 나가지 않고 아이들의 배움과 이해에 맞추어 진도를 나가기 때문에 아이들이 수업에 집중을 할 수 있게 만들어 주고 무엇을 하나 배우더라도 그것을 이해하고 넘어가기 때문에 수업에 이해도가 높아진다. 시험을 보더라도 성적에 따라 나누고 경쟁을 하는 체제가 아니라 자기가 배운 것을 얼마나 잘 알고 이해하는 것인지 보고, 결과에서 아이들이 무엇이 모자라고 무엇을 더해 줘야 하는지에 대한 테스트이다. 또한 선생님들은 아이들을 개별적으로 챙겨주면서 그 아이들에게 필요한 것을 챙겨줄 수 있을 것이다. 그렇기에 아이들은 시험성적을 가지고 비교해 보지만 열등감이나 무조건적인 경쟁보다는 서로가 서로에게 시너지를 주는 선의의 경쟁 체제가 될 수 있다. 또한 학습용 수업이 주가 아니라 인생에 도움이 되는 지식과 공동체 의식과 서로에 대한 배려를 가르치는 것이 주가 되어야 한다. 물론 초등학교이기 때문에 가능한 것이라고 생각할 수도 있으나 이러한 수업 체제는 학생들의 이해도와 수업 집중도 참여도를 높일 수 있을 것이다.

여기서 몇 가지 수정을 하자면 시험을 개인시험과 그룹시험의 2가지를 보는 것이다. 개인시험은 일반 시험처럼 혼자 시험지를 풀어내고 성적은 공개를 하지 않고 그 학생이 수업에 대해 얼마나 이해하고 참여했는지에 대해 시험을 보는 일종의 이해도에 대한 시험이다. 그리고 그룹시험은 그룹을 나누어서 그룹별로 시험을 보는 것으로 시험이 아닌 일종의 과제 수행이라고 할 수 있다. 수업에 관련된 내용과 응용되는 문제들을 또는 과제를 그룹이 힘을 합쳐서 수행을 하고 그룹별 통합 보고서와 개인별 보고서를 취합해 그룹 성적과 개인 성적을 내는 것으로 그룹 성적은 과제 수행 결과와 중간 결과 등을 취합해서 점수를 내고 개인 점수는 개인의 참여도와 구성원들의 평가로 이루어져야 한다. 그렇게 되면 시험에 대한 참여도와 관심이 높아지고 서로의 성적이나 과정을 보고 그룹별로 선의의 경쟁을 펼칠 수 있을 것이다. 그러한 시험을 통해 나는 사고력을 높이고 창의성을 기르며 협동심과 공동체의식을 기를 수 있고 죽은 지식이 아닌 살아있는 지식으로 사회에 나가서도 멋지고 좋은 인재가 될 것이라고 생각한다.

'학교 바깥' 세상에서

지금까지 내가 쓴 위의 글처럼 내가 '남한산'에서 배우는 것들은 그런 것이다. 여유를 가지는 법, 조급해하지 않는 법, 함께하는 것, 배려하는 것, 포용하는 것, 자연을 느끼고 소중히 하는 법, 그리고 즐겁게 지내는 것, 이런 것들을 배우고 학교 밖으로 나갔다.

학교 밖에서는 내가 배웠던 것들과는 많이 달랐다. 학교에서는 경쟁을 시키고 획일화되어 있었고, 억압당하고 이러한 굴레 속에서 아이들은 왕따를 당하고, 압박을 박고 결국에는 그 고통들을 감당하지 못하고 자살까지 하는 부조리하고도 무책임한 굴레 속에서 어른들은 해결책을 제시하지도 않고 그저 일을 덮으려고 들거나 별거 아닌 것처럼 생각을 하거나 책임을 넘길 것만을 생각한다. 그 중에서도 우리를 이해하고 이러한 굴레를 없애려는 좋은 어른들이 있으나 많지 않아서 묻히고, 또 이 굴레는 질기디 질겨서 끊어내고 바꾸어 내려면 얼마가 걸릴지 알 수가 없어서 힘들다.

학교를 나와 사회를 준비하는 대학생이 되었을 때, 그리고 그 이전부터 보아왔던 지독한 사회상과 부자와 강자들만 위하는, 이 부조리한 세상을 보면서 답답했다. 사람들은 돈의 노예가 되어 살아가고 정치인들은 국민을 대변한다면서 99.9%의 국민의 목소리는 듣지도 않고 자신들의 기득권만 챙기려 들고 국민과의 약속인 공약조차 지키지 않고 빠져나가려고만 하고 우리를 배신하는 지독한 정치상, 정말 어의없고 짜증이 나면서 치가 떨린다.

이러한 현실 속에서 입으로만 힘들다 바꾸라고 하면서 정작 중요할 때는 참여를 하지 않는 사람들 입으로는 맨 날 '바뀔 거다', '참여하자', '나가자. 싸우자.'라고 말만 하고 나서야 할 때는 뒤돌아서 모른 체하는 사람들…. 나만 아니면 된다고 말을 하고 있으나 결국에는 그 파장이 자신에게 미칠 것을 생각하지 못하는 사람들, 그리고 그런 사람들 사이에서도 자신의 기득권을 챙기려고 분열을 조장하고 배신하고 착취하는 사람들.

내가 학교 밖을 나와서 세상에서 본 것은 이토록 부조리하고 거짓된 세상이다. 물론 좋은 사람들 좋은 정치인, 좋은 학교, 좋은 선생님, 좋은 어른들도 있다. 하지만 그 좋은 사람들 좋은 것들은 정말 소수이고 힘이 약하다. 그렇기에 힘들고 고달프며 '바뀔 수 있을까?' 하는 의문이 든다. 결국 내가 볼 수 있는 것들은 대다수인 부조리한 것들이었고 나는 사회에 냉소적으로 되어 가고 이 사회에서 멀어지고 싶어 한다.

이제는 이런 것들을 바꿔야 한다. 10년이 걸리든 100년이 걸리든 포기하지 말아야 한다. 상황을 비틀어야 하고 이런 부조리를 알리고 설득해야 한다.

입시교육을 바꿔야 한다, 경쟁체제가 아닌 협동체제로, 그리고 개인이 아닌 공동체로, 수학이나 영어를 우선시하기보다는 도덕을 우선시해야 한다. 잘못이 있으면 그 잘못을 바로잡아 줘야 하며 무조건 윽박지르는 것이 아니라 무엇이 문제인지 인식하게 해주어야 한다. 지금 우리 사회 학교에서 배우는 것은 책상 놀음에 가깝다. 체험이 없고 이해가 없다. 그리고 협동도 없다.

사회는 혼자 살아가는 것이 아니다. 우리는 모두 같이 산다. 경쟁을 해야 하지만 그것은 무조건적인 적대 경쟁이 아닌 선의의 경쟁이 되어야 한다.

체험과 실패 없이 결과와 성공도 없다. 여러 가지를 도전하고 체험할 수 있는 길을 열어 주어야 한다. 하고 싶은 것을 하게 해주어야 한다. 많은 것을 경험하고 길을 정하는 것이 진정 자신이 원하는 것일 것이다.

● 내가 무엇을 하고 싶은지 한동안 고민하다가 더 많은 것을 배우고 공유하고자 '체인지업'이라는 활동을 새로 시작했다.

그리고 컴퓨터 앞이 아닌 숲 속에서 운동장에서 뛰어놀고 여유를 즐길 수 있게 만들어 주어야 한다. 이렇게 소중한 자연을 느끼고 즐거워야 한다. 여유가 없이 급하게 빨리빨리 가다가는 어느새 중요한 것을 놓칠 수도 있다.

청소년이라고 하지만 아직 아이다. 실패를 경험하게 해주어야 한다. 실패를 해보고 실패하는 것을 겁내지 말게 하여야 한다. 실패를 하고 좌절하고 성공을 하고 기뻐하며 실패와 성공을 하다 보면 실패 뒤에 성공이 있다는 것을 알게 될 것이다.

그렇게 아이들을 바꾸어 나가면 아이들도 커서 청년이 되고 어른이 되면서 알게 될 것이다. 이사회의 부조리를, 사회의 부조리를 알게 되면 바꾸어 나갈 수 있게 노력을 할 것이다. 실패도 하고 분열이 있을 수도 있다. 포기하기도 하겠지만, 그렇게 조금씩 바꾸기를 노력 하다 보면 언젠가는 바뀔 것이다.

그러니 우리 청년들과 어른들도 포기하지 말자 언젠가는 바뀔 것이다. 학교와 교육을 바꾸고 아이들에게 좋은 것들과 옳은 것을 가르친다면 바뀔 것이다. 무기력해하지 말자. 변화는 언제나 생기는 것이고 그 변화를 이뤄낼 자는 우리와 아이들이다. 그러니 천천히 바꾸어 나가자.

내가 꿈꾸는 나의 모습과 나의 계획

나는 지금 나의 진로에 대해서 확신이 서지를 않는다. 유치원 때 읽었던 과학과 발명에 대한 책 하나가 나를 과학자의 꿈을 갖게 해 주었다. 그리고 중고등학교를 지나면서 그 꿈을 실현시키기 위해 공부를 하고 꿈을 구체화시키며 화학을 전공으로 선택하고 대학의 화학과로 진학을 하게 된다.

그렇게 진학을 하고 나서 학과 수업을 듣고 공부를 하면서 문득 생각이 들었다. 내가 원하는 것이 이것인지 아니면 다른 무언가를 하고 싶은지, 그리고 계속 고민을 하고 주위를 둘러보니 많은 생각이 들었다. 전자기 쪽 공부도 하고 싶고 물리도 더 깊이 있게 파고 싶고 신학도 해보고 싶고 사회와 경제, 역사의 지식도 더 넓고 높게 쌓고 싶었다.

그렇게 고민을 하다 보니 지금 하고 있는 공부가 시들해졌고, 나는 깊은 고민에 빠졌다. 과연 내가 진짜 하고 싶은 것이 무엇이고 나는 어떻게 해야 하는지, 그렇게 고민을 계속하다가 '체인지업'이라는 활동을 하면서 나 자신을 돌아보고 지식을 쌓다가 떠올린 생각은 내가 하고 싶은 것은 그냥 지식을 얻고 배우고 습득하는 그 과정과 결과, 한마디로 학습하고 연구하는 학자가 되고 싶구나 하는 생각이 들었다. 내가 생각하는 것은 어느 한 가지에 편중된 것이 아니라 '내가 좋아하는 것을 다해 보는 것이구나!'라고 생각을

나는 내가 원하는 것을
모두 배울 수 있을까?

우리는 '남한산'에서 나무에 기대어 이야기하고,
숲에 누워 풀이나 낙엽의 감촉과 소리를 느끼며
하늘을 보고 눈을 감으며 한줌의 여유를 즐기는 방법을 배웠다.

하였고, 나는 일단 하던 공부를 계속하면서 다른 것들을 공부하는 것을 찾아야겠다고 생각했다.

나는 많은 것을 배울 것이다. 내가 필요로 하고 내가 원하는 것들을 배울 것이다. 그리고 그런 지식들을 필요로 하는 사람들이 있다면 나는 지식은 나눠주고 공유할 것이다. 그러면서 많은 것을 배우고 많은 것을 하며 많은 경험을 하고 있다. 그러기 위해 돈도 벌고 준비를 하는 것이다.

돈을 버는 것이 끝나면 내가 소속되어있는 청소년 단체에서 상주하면서 컴퓨터에 대한 것을 배우고 활용하는 프로젝트팀 활동도 하고 면허증을 따고, 영어 자격증 준비도 하고 운동도 하고 여러 가지를 할 것이다. 일정은 많이 빡빡할 것이다. 힘도 들겠지만, 그럴수록 더 좋다고 생각하고 있다. 지금까지 일을 하면서 일만 하다 보니까 다른 것들을 하고 싶어 미치겠고 기대가 된다. 이렇게 힘들게 일한 만큼 보람차게 내가 원하는 공부를 하고 내가 원하는 활동을 하면서 여러 가지를 하는 것이 얼마나 재미있고 얼마나 유익한 일일까 기대가 된다.

'남한산'에서도 그런 것 같다. 나는 친구들과 같이 즐겁게 놀고 여러 가지 활동을 하며 즐겁게 뛰어놀았고, 공부도 책을 읽는 것도, 자연을 느끼고 여유를 가지는 것도 내가 원하던 것이었고 원하던 날들이었다. 그렇기에 힘들고 아프고 지쳐도 나는 그것이 더욱 즐거웠고 더 열중을 할 수 있었던 것 같다.

내가 지금 군대를 가기까지 대략 4~5개월 남짓 남았다. 무엇을 성취하기에는 짧지도 길지도 않은 기간 동안 나는 얼마나 내가 세웠던 목표를 성취하고 얼마나 즐겁게 인생을 지낼 수 있을지 기대가 된다. 그리고 군대를 다녀와서도 내가 어떻게 바뀔지 또 무엇을 할지 생각하면 즐겁고 계획을 짜고 있다.

나는 지금 준비를 하면서 생각한다. 아직 늦지는 않았다. 그렇다고 적정기도 아니다. 그래도 이제 다시 시작이다.

이재경 2000년 4학년 때 남한산초등학교로 전학 왔다. 그와 동생은 기관지가 좋지 않았다. 엄마는 산 위에서 맑은 공기를 마시며 지내면 좋아질 것이라며 남한산초등학교로 전학을 오게 되었다.

자연이 주는
느낌 그대로
자유로운 삶을 찾아

이 정

남한산초등학교의 기억들

2000년도 가을쯤으로 기억한다. 학교에 다녀오니 엄마가 대뜸 "남한산초등학교에 가보지 않을래?"라고 물으셨고, 그곳에서는 마음껏 뛰어놀 수 있다는 말에 흔쾌히 받아들였다. 하지만 시간이 조금 지난 뒤 남한산성 안에 있는 학교라 학생 수가 적어 폐교될 위험에 빠진 학교를 다른 학교의 학부모님들께서 이심전심 뜻을 모으셨음을 알게 되었다.

학교의 수업과 생활, 그 모든 것이 배움이었다고 생각한다. 우선 기능을 배운다는 측면에서 보면, 국악, 사물놀이, 선무도와 같은 특성화 수업으로 기존의 학교와는 차별화되는 점이 있었다. 그리고 특성화 수업의 연장선에서 학기마다 계절학교를 열어 천연염색, 목공, 도예 등 다양한 배움들을 체험할 수 있었고, 매년 남한산에서 열리는 축제에 나가 그동안 배웠던 수업을 토대로 공연을 하기도 했다.

더불어 자칫 진부할 수 있는 응축·발산이 '온전함'에 도달하기까지 빼놓을 수 없는 남한산초등학교의 특성이 두 가지 있다. 첫째로는 한 학년 20명 남짓의 아이들과 한 분의 선생님으로 이루어져 서로 소통이 가능한 구조, 그리고 둘째로 90분 블록수업을 통해 '아이들이 마음껏 뛰어놀 수 있는 시간'을 확보하는 것이다. 결국 나는 이러한 남한산초등학교의 시스템을 기반으로 이루어지는

● 학교 운동장 바로 왼쪽 연무관과 학교 사이에는 어마어마하게 오랫동안 살아 계신 '할아버지 나무' 두 그루가 있다. 6학년 때 작은 '할아버지 나무'에서 말뚝박기를 하던 모습이다. 큰 '할아버지 나무'는 다음 쪽 사진에 나온다.

기능적인 배움을 통해 온전한 응축·발산이 이루어질 수 있었다고 생각한다. 이를테면 국악을 배우며, '우리의 얼'에 대해서 느껴본다거나, 천연염색을 통해 '천연', 즉 자연 그대로의 것이 왜 중요한가에 대해 앎으로써 내 안의 진정성을 깨워보는 것처럼 말이다.

기능을 배우는 것이 아닌 자연스러운 배움도 떠오른다. 매일 아침, 수업종이 울리기 10분 전 뒷산에 올라 천천히, 때로는 눈을 감

● 6학년 때 '할아버지 나무' 아래에서 생각에 잠겨 있는 모습. 성은이와 재경이도 보인다.

거나 신발을 벗고, 있는 그대로의 산을 느끼며 산책을 하고 교실로 돌아와 차분히 차를 마시며 자신의 감성, 자신들이 갖가지 느꼈던 자연에 대하여 이야기한 후에 수업을 시작했던 기억. 친구들과 뒷산 너머 아무도 올 수 없는 곳에 땅을 파고 나무를 덧대고 망치와 못, 그리고 서로의 짐들을 가지고 와 비닐로 덮어씌우고 아지트를 만들어봤던 기억. 뒷산 나무에 그네와 줄을 매달아 마치

● 말뚝박기가 끝나고 모두 나무에 걸터 쓰러졌다. 가장 오른쪽에 안순억 선생님, 그리고 그 바로 옆에 내가 널브러져 있다.

내가 타잔인 것처럼 신나게 뛰어놀고 심심하면 홀로 산에 들어가서 나무를 기어오르고 나뭇가지 위에서 잠을 청해보기도 했던 기억…

수업이 끝나기 5분 전부터 가슴 설레며 기다렸다가 끝나자마자 총알탄처럼 뛰어나가 축구뿐만 아니라 여자아이들과도 할 수 있는 오징어사리, 깡통차기, 다방구, 땅따먹기, 동그라미사리 등 다양한 놀이를 하며, 가슴 깊은 곳 끝까지 행복에 겨워 울렁울렁했던 기억들.

해가 질 무렵 친구들과 아랫마을까지 40분 정도의 등산로를 통해 산을 내려오며 봄에는 진달래를 따다가 화전으로 만들어 먹고 온산에 진동하는 아카시향에 취해, 아카시아의 달콤한 꿀을 먹고 여름에는 계곡에 발 담구고 물놀이하며 가을에는 나뒹구는 낙엽들과 뛰어놀고 겨울에는 신나는 눈썰매와 함께하며 즐겁게 하교했던 기억들.

이러한 경험들이 당시에는 그저 행복한 마음으로 지낼 수 있었던 시간이었지만 지금 뒤돌아보면 나에게 알게 모르게 체득된 내 삶의 원동력이었고, 들판에 핀 꽃이 작지만 세상을 이루듯 들꽃 같지만 내 일상을 이루던 자연스러운 배움이었다. 사실 너무 많은 기억이 있어서 무엇을 이야기해야 할지 모르겠다.

선생님들 중 김순옥 선생님은 무지하게 개구쟁이였던 나에게 늘 사랑으로 대해주셨다. 그 따스함이 지금도 마음 한켠에 남아있다.

● 2009년 MBC PD수첩 인터뷰에서 나는 "정말 제가 배워야 할 모든 것을 남한산초등학교에서 배울 수 있었다."고 말했다.
ⓒMBC

내가 생각해도 놀라운 일이다. 그리고 안순억 선생님, 정말 뭐라고 말해야 할지 모르겠다. 재밌는 놀이, 공부, 생각까지 살아가는 데 필요한 이 3박자의 본질을 정확히 가르쳐주셨다. 그리고 역시나 늘 사랑으로 품어주셨고 언제나 웃어주셨다. 사실 그 기억을 추억하는 일은 어떤 말로도 형용할 수 없다. 언제나 내 스승이셨다. 그리고 정연탁 교장선생님! 역시나 개구쟁이였던 내게 늘 웃어주시며 사택의 오디나무와 앵두나무에서 먹거리를 한 움큼 쥐여주시고는 방긋 웃어주시던 모습이 떠오른다.

● 6학년 때 안순억 선생님과 같은 학년 친구들이 함께 찍은 사진. 안순억 선생님에게 업혀 있는 아이가 나다. 그리고 왼쪽에는 재경이가 보인다.

이제 와서 하는 이야기지만 아이들은 어른들보다 더 정확히 더 날카롭게 알고 있다. 어른들의 웃음과 말속에 보이지 않는 진심을, 고작 열 살 남짓의 아이가 그것을 느꼈다는 것이 나로서도 신기하지만 폭신폭신한 이불처럼 강아지마냥 마구와구 뒹굴어도 괜찮다는 안도감과 편안함, 그리고 진심으로 위해주고 있다는 그 마음. 지금도 나의 느낌으로 남아있다. 이 기회를 삼아 꼭 말씀드리고 싶다. 정말 감사합니다! 그리고 선생님들께 받은 사랑은 제 성심성의껏 또다시 아이들에게 나누어줄게요. 건강하세요, 사랑합니다!

'남한산'과는 또 다른 느낌의 대안 학교

초등학교 6학년 2학기 시절에 곧 들어갈 중학교에 대한 불안함과 초조함이 기억난다. '남한산초등학교'에는 눈곱만큼의 불만도 없었거니와 스스로 행복을 인식하고 있었기에, 새로운 학교에 대한 걱정은 더했던 것 같다. 이를테면 '중학교에 들어가면 무서운 선배가 있다던데, 공부를 못하면 맞는다던데, 새로 만나는 친구들이 지금의 친구들과는 다르겠지?' 등등의 생각들과 들려오는 소문들은 정말 간절히 '남한산중학교'를 생각하게 만들었다.

그럼 '어떻게 할까?' 고민을 하던 도중에 선생님께서 도시형 대안학교인 "이우학교"를 소개시켜주셨고 결국 일반학교보다는 남한산초등학교와 닮았다는 그 말에 이우학교를 지원하게 되었다. 그리고 친구 3명과 함께 이우학교에 진학하게 되었다.

막연한 불안함과 초조함을 품고 진학한 이우학교는 다행히도 남한산초등학교와 많이 닮아있었다. 90분의 블록수업, 그리고 20명 남짓 반 아이들, 그리고 기본적으로 체벌을 금하고 더불어 살자는 이념까지도 말이다. 그렇게 막연한 불안과 초조를 해소해나가는 무렵, 무엇인가 다르다는 생각을 했다. 그때는 잘 몰랐지만 지금 돌아와 보면 그 무엇은 바로 친구들이었다.

무엇이 다른가? 친구들과 함께 수업을 듣고 뛰어놀면서 마음속 한편으로는 그들을 받아들이지 못하는 부분이 있었다. 이를테면

● 이우학교 시절. 남한산초등학교의 중학교 판을 기대했지만, 아무튼 정리하자면 남한산초등학교와는 닮아있지만 달랐다.

서로를 경계하고, 힘을 겨루고, 패거리를 이루는 것처럼 어쩌면 매년 학년이 바뀌거나 진학 또는 전학을 할 때마다 '동물'로써 자연스럽게 겪는 과정처럼 말이다. 왜냐하면 이미 남한산초등학교에서는 3년이라는 시간 동안 서로를 경계하거나 힘을 겨루고 패거리를 이루는 것 자체가 무의미했기 때문에 그런 감각들에 무뎌 있었다.

그래서 나에겐 더 큰 감정의 파장이었고 새로운 환경에 적응하는 시기, 즉 다름이 명확하게 구별되는 시기였기에 나는 차이가 아닌 "다름"이라는 색안경을 끼게 되었던 것 같다.

그리고 덧붙이자면 이우학교 자체도 공교육의 대안으로써 실험적인 단계였기 때문에 학교의 시스템도 선생님들 사이의 소통도, 학교와 선생님에게 가장 영향을 많이 받게 되는 아이들까지도 중구난방으로 마음기댈 곳 없는 약간 혼란스러운 느낌이었다. 아무튼 정리하자면 남한산초등학교와는 닮아있지만 달랐다.

고등학교에 들어간 후 천천히 나의 진로에 대한 생각을 했다. '나는 무엇을 하면 좋을까?' 생각하다가 그 당시에는 여행을 많이 다니기도 했고 또한 글 쓰는 것을 좋아라 했기 때문에 '여행 작가'를 하면 좋겠다고 생각했다. 말 그대로 여행을 하면서 시시각각의 감정들과 생각들을 아낌없이 표현하고 표현물을 가지고 사람들과 나누고 소통하며 돈까지 버는! 그야말로 일석이조의 나에게 딱 맞는 길이구나 싶었다.

하지만 그 와중에도 시간은 흘렀고, 자연스러운 흐름으로 고등학교 2학년쯤 세상과 나에게 수많은 질문을 던졌다. '나는 누구인지?', '왜 사는지?', '어떻게 살아가야 하는지?', '세상은 무엇으로 이루어져 있는지?', '그 세상 속에서 나는 어떤 모습으로 살아가야 하는지?', '무엇이 옳고 그른지?' 그렇게 수많은 질문을 던지고 또 스스로 답해보려 했지만 역부족인 측면이 있었다.

● 스스로 인생의 주체가 되지 못하면 무수한 진로 탐색이 무의미하다고 판단하고, 고등학교 졸업과 함께 자립을 위한 나의 시공간을 찾아 나서기로 했다.

아무리 고매하고 진중한 고민을 하고 있어도 학교에 가야만 했으며 언제나 무엇인가를 늘 하고 있어야 했다. 더불어 쌓여가는 생각들과 고민들은 점점 더 현실과의 괴리를 만들어냈고 스스로 생각하는 나조차도 사회적으로 만들어진 내가 아닌가? 그렇다면 오롯이 존재하고 있어야 할 나는 어디에 있는 걸까? 이런 심각한 고민에 빠지게 되었다.

그렇게 버거워하며 고민에 고민을 이어가던 중, 나는 스스로 내 인생의 주체로 서 있지 못하고 있다고 생각했고, 내 속에 내가 배제된 상태에서 이루어지는 무수한 선택과 진로의 탐색이 무의미하다는 생각을 하게 되었다. 그래서 나는 그 순간 가장 시급하고 선행되어야 할 것은 내가 내 인생의 주체가 되는 것이자 스스로 자립하는 것이라 판단했다.

판단을 내린 후 그렇다면 어떻게 인생의 주체로 거듭날 것이며, 자립할 것인지 방법을 모색했다. 그렇게 생각해보니 자립을 위해서는 적어도 온전한 '나의 시공간'을 필요로 했고 그 이후로는 나에 대한 인식의 시간과 더불어 진정한 내 마음에 대한 확인을 필요로 한다는 것을 알 수 있었다.

그래서 찾아보니 스스로 자립하기까지의 온전한 '나의 시공간'을 누릴 수 있는 곳, 깊이 사유할 수 있는 곳을 찾아보니 '시골'이 제격이었고 학교로부터, 부모로부터 사회로부터 벗어나 어릴 적 친히 지내온 자연과 함께 나 자신을 알고 그것으로 진로(進路)를 그리는 것, 그것이 내가 바라던 바였다.

자급자족을 위해

그렇게 2009년 봄 고3의 시기에, 결정을 내린 후 고등학교 졸업 후 그리는 시골살이에 대한 밑그림을 그리기 시작했다. 어떻게 자급자족할 것인가? 과연 자급자족이 가능할 것인가? 돈은 어떻게 벌어갈 것인가? 이에 대한 방법부터 오감 탱크를 만들어 탱크 안에 물을 넣어놓고 자궁과 비슷한 환경을 조성한 후 그곳에서 육감을 느끼어 나를 인식해보거나, 혹은 거울로 만들어진 방을 만들어 실제 이미지로 보이는 나에 대한 인식을 해본다거나, 나를 인식할 수

● 시골살이를 위해, 고등학교 졸업 후 '노가다'와 '퍼포먼스' 배우로 돈을 벌어 80만 원을 마련했다.

있고 나를 알 수 있는 여러 가지 방법들까지 준비해 두었다.

그리고 2010년, 고등학교를 졸업한 후 막노동과 퍼포먼스의 배우로 돈을 벌어 80만 원을 가지고 강원도 영월이라는 시골에 내려가게 되었다. 그리고 나는 허름한 시골집에서 난생처음 빨래하고 밥도 지으며 설거지는 물론이요, 바느질까지! 스스로 생활을 꾸려보게 되었다.

처음에는 밤이 늦도록 끝없는 생각을 하고 늘어지게 자고 게으른 햇살에 눈뜨는 아침부터 보고 싶은 책과 영화를 가득 쌓아두고,

● 준비 자금을 마련한 후, 강원도 영월에서 시골살이를 시작했다. 자연 속에서 자립하기 위해 처음 자리를 잡았던 이곳은 그래도 도시와 가까운 곳이었다.

배가 고프면 밥을 먹고 졸리면 잠을 자고 심심하면 강가에 나가 자유로이 수영하고, 때로는 발길 가는 대로 동네 마실 나가고 물고기를 잡으러 갔다가 멍하니 흘러가는 물만 바라보다가 그렇게 자연스럽게 내 마음이 하라는 대로만 했다. 어찌나 행복하던지…

그 후 나는 자연스럽게 '나'에 대한 생각에 빠질 수 있었고 그동안 알게 모르게 환경이라는 이름으로 나를 이루어왔던 것들에 대해 인식해보는 시간을 가졌다. 이를테면 크게는 사회, 가족, 학교, 친구들, 그리고 그 밖의 여러 가지 경험들까지. 그렇게 나를 인식하는 시간을 가지게 되면서 내 인생의 여러 가지 인과관계를 살펴볼 수 있었고, 더 나아가 더하지도 덜하지도 않은 그 무엇도 필요치 않은 오롯한 '나'를 만날 수 있었다.

그렇게 '나'를 인식해보는 시간을 가지고 난 후 오롯한 나를 토대로 밑 끝부터 건설하는 나의 삶을 위해 천천히 밑그림을 그리기 시작했다. 우선 생명이라는 원리하에 '그렇게 행동하도록' 설정된 본능이라는 가치만을 배제한 후 모든 개념과 생각, 그리고 이전의 타성들은 모두 흰색으로 칠해버렸다. 그리고 맨 처음으로 고민한 것이 '나'의 지속가능성이었다.

곰곰이 지속가능성에 대해 생각해보니 결국은 먹고사는 문제였는데, 사실 제일 필요한 것은 '돈'이라는 공공의 가치였다. 그러나 돈을 위해서는 내가 잃어야 할 순수한 가능성들이 너무 많다는 것을 알기에 우선적으로 할 수 있다면 '자급자족'하는 것이 길이라 생각했다.

그래서 책상을 만들고 철봉과 샌드백을 만들어 사용했고 강가에 족대를 들고 나가 물고기를 잡아 매운탕을 끓여 먹었다. 그리고 알음알음으로 음식점에서 물고기를 사준다는 사실을 알게 되고 하루에 세 번, 해가 떠오를 때·정오에 위치할 때·해가 질 무렵 족대를 들고 보에 나가서 물고기를 잡아다 한 봉지에 5천 원을 주고 팔았다. 그때 내가 작성한 가계부에 따르면 평균 지출이 만원이었는데 그렇게 하루 세 번 물고기를 잡고 팔면 3봉지를 팔 수 있었고 다소 무식한 계산 방법으로 나는 내 인생을 연장할 수 있었다(결국 살아있는 물고기의 배를 따는 것이 성미에 맞지 않아 그만두었고, 나름대로 자급자족이라 위로하는 '막노동'을 일급 7만 원을 받고 생활을 이어나갔었다).

 이처럼 다소 무식하게나마 자급자족과 지속가능성을 확인할 수 있던 시간들은 나에게 무한한 자신감과 함께 무엇을 해도 괜찮다는 내 나름대로의 정당성과 많은 시간의 확보를 가져다주었다. 그리고 많은 시간의 확보는, 나에게 '무엇을? 어떻게?' 라는 질문을 던지게 해주었다.

 그렇게 '나는 왜 사는가? 그리고 어떻게 살아가야 하는가?' 고민이 시작되었다. 처음에는 대주제인 '인간의 존재 의의' '생명이란 무엇인가?'라는 직관적이며 동시에 과학적인 생각이자 사실에 주목했었고 그 후에 그럼 그 속에서 나란 인간은 어떻게 살아갈 것이며 어떤 이유로 살아갈 것인가? 라는 생각을 하게 되었다. 아마도 내가 기다려왔던 주체성을 가지고 진로에 대해 고민할 수 있는 시간이었다.

 그러한 생각에 끝에 내 삶 속에 큰 맥락을 잡았다. 그것은 바라보고 나라는 매체를 통해 다시금 다양한 표현방식으로 다시 표현하고 그것을 소통하는 구조였다. 예를 들면 길가에 핀 노란 꽃송이를 바라보며 '나'라는 기억과 생각, 경험의 X(방정식)통에 넣고 무엇인가를 넣기도 빼기도 덧칠하기도 혹은 꾸며내기도 하여 다양한 방식으로 표현하고 그것으로 소통하고 더 나아가 의미나 가치의 창출까지 도모하는… 이렇게 살아야겠다고 생각했다.

 그렇게 생각하고 홀로 글을 쓰고 노래를 부르고 춤을 추며 반년

● 더 깊숙한 자연 속으로 들어가기 위해, 도시와 비교적 가까운 영월에서 철원으로 옮겼다. 이곳은 더 춥고 외진 곳이었다.

정도의 시골살이를 마치고 5년 동안 배를 타야겠다는 결심을 하게 된다. 이유인 즉 배를 타고 전 세계를 돌아다니며 정박하는 기간에는 여행도 할 수 있고 지구의 70%로 이루어진 바다를 항해하면 분명히 내 안에 오롯이 쌓일 응축된 에너지가 있을 것이라 생각했고 더불어 군대의 병역특례와 함께 5년이 지난 후에 그 돈을 가지고서 나에게 재투자하여 다양한 표현방법을 배울 수 있는 기반을 마련하고자 했다.

그러나 결론적으로는 배를 타지 못했다. 해양수산연수원의 항해사 과정에 1차를 합격했는데 병역법이 바뀌어 병역특례의 혜택이 없어졌고 나는 군대를 가야 했기 때문에 포기하게 되었다. 하지만 여기서 말하고 싶은 것은 나의 인생과 진로의 선택에 있어서 남한산초등학교 시절의 경험이 많은 영향력을 가졌다는 것이다.

내가 가는 길, 즉 진로의 선택에 앞서 대학을 가는 친구들을 보며 시골살이를 선택한 것도, 5년 동안의 배타기를 결정하는 것도 절대 쉬운 일이 아니었다. 하지만 실제로 남한산초등학교를 시작으로 자연에서 놀이를 즐기며 얻은 배움을 통해 시골살이를 선택할 때 주저 없이 선택할 수 있었다. 그리고 시골살이를 통해 마음껏 자연과 부대끼면서 나를 둘러싼 환경을 인식하여 오롯한 나를 만나고, 그 오롯한 '나' 속에서 자연, 즉 사람도 자연인만큼 모든 사람에게 내재되어 있는 생명의 원리에 대하여 느껴볼 수 있었다. 작은 돌멩이라도 같은 돌멩이 하나 없음에 새삼 놀라고 바람에 휘날리는 갈대와 함께 형형색색의 빛을 발하는 하늘까지 새삼 그 다양성과 같이 공존하는 경계의 아름다움을 느끼고, 그 후로 내 관심은 더욱더 자연에게 쏠리게 되었다. 그렇게 나는 알지 못하는 바다에 대한 감성과 느낌들을 쫓기 위해 항해사가 되기 위하여 과감히 지원한 것들까지 그 모두가 남한산에서 비롯되었다고 해도 과언이 아니다.

결론적으로 여러 과정을 걸쳐 내가 가고자 하는 길, 즉 진로(?)에 대한 설정을 할 수 있었다. 그것은 살아감에 있어서 세상 모든 것, 만물이 교차되는 어떠한 합치점과 그 근원적인 뿌리를 이해하고, 또한 무수한 영향 속에서 내가 바라본 세상과 아름다움을 직관하고 쌓여진 응어리를 다시 글과 그림, 춤, 연기 등 여러 가지 표현 방식으로 재표현 창조함으로써 사람들과 아름다움, 인식의 길, 행복의 길을 나누고 싶은 것이다.

멍하니
초점을 흐리고 바라보았다.
더 많은 것들이 그것들의 움직임이 전해져온다.
또 다른 시각, 관점의 차이였으리

그래서 세상에 대한 나의 시각과 관점에
초점이 없어졌다는 생각을 했다.

그런 것이었다.
이상하리만큼 담담한 것이.
아무것도 보이지 않지만 보인다.
그때 예상하고 궁금했던 나의 미래가 소리 소문 없이
나에게 스며든다는 것이, 밀려오는 폭풍처럼
마구 들이닥치는 모든 것들이 잔잔하기만 하다.

확신이란 것은 없었다.
하지만 내게로 스며들었고 그것은 현실이 되었다.
그런 것이었다.

막상 변할 것이 있지만 없다고 생각했다.
그것은 과정이었다.

  시골에 있을 때 끼적인 글인데 현재 나의 모습을 잘 말해주는 것 같다. 나의 시야를 조금씩 수렴해나가고 응축된 덩어리들을 조금씩 발산해 나가는, 힘들게 쌓은 모래성을 파도가 와서 휩쓸고 가듯이 쌓다가 부수고 일을 계속해서 반복해 나가는 과정 속에 있는 것 같다.
  조금 더 구체적으로 말하자면 진로에 대한 성찰의 연장선상에서 내가 설정해놓은 나의 길을 어떻게 풀어가야 할지 고민하고 부딪히고 배우고 있는데, 예를 들자면 퍼포먼스의 배우가 돼보고 화보를 구상하고 모델로 참여해 찍어본다거나, 친구와 2인 세미나 '정석'을 만들어서 소통·행복·서로의 삶 등의 주제를 가지고 스스로 원하는 방향의 콘텐츠를 만들어와 서로에게 소개하는 형식의 세미나를 하고 있고 '멍청한 청춘'이라는 프로그램을 만들어서 여러 가지 일을 만들어 보고 있다.

더불어 TED라는 "아이디어를 공유하자!"라는 주제를 가진 강연 프로그램을 통해 학생들과 나의 삶에 대해 소통해본다거나, 대학 투어를 기획해서 대학 진학에 앞서 나에게 진실 된 진로 탐색과 나의 관심사 그리고 이 사회를 이해하기 위한 수단으로서 철학, 물리학, 심리학, 사회학, 항공학, 예술, 경영 등 여러 가지 과에 여러 대학에 가서 하루, 이틀 정도 청강을 들어보고 친구들의 이야기를 듣고 그것을 기록해놓고 또한 콘텐츠화 해놓는 작업을 하고 있다.

그리고 예를 들면, 지금 나의 '챕터'(Chapter)의 주제는 '돈'이기에 스스로 다큐와 경제에 관한 책을 찾아 공부하고 벚꽃 축제를 하는 곳에 가서 폴라로이드 사진을 찍어주고 액자와 함께 벚꽃을 넣어 파는 일을 기획하고 있는데, 남쪽부터 시작해서 북쪽으로 천천히 올라오면서 나도 벚꽃을 즐기고 여행도 하면서 실제로 어떤 유통의 과정을 거치지 않고 스스로 돈을 벌어보는 경험을 해보고 기록하는 것이다.

이렇듯 나는 대학을 다니지 않고 있는 입장에서 스스로가 대학

● 솔직히 아이를 낳으실 정도의 연세가 되셨으면 알 수밖에 없다. 무엇이 중요하고 또한 무엇이 옳고 그른지.

이 되어야 함으로 길게는 한 달에서 두 달, 짧게는 2주 정도 내가 궁금하고 경험해보고 싶은 한 가지 주제를 설정하고 끊임없이 사유하고, 행동에 옮기고 치열하게 기록하는! 시스템을 가지고 지내고 있다.

  또한, 당위에 숨겨진 세상의 틈 속에서 사람들의 눈을 벗어나 희생치 않고 살아갈 수 있는 여러 가지 방법들을 고민하고 있으며, 이를테면 글쓰기, 춤, 연기, 음악 등 표현방법에 대한 공부를 계획하고 있다. 또한, 자연스럽게 살아가는 방법, 즉 애써서 더하지도 덜하지도 그저 살아가므로 살아감의 나날이 될 수 있는 날들을 바라보면서 나의 응축된 덩어리들을 어떻게 발산할 것인지 그리고 어떻게 소통하고 나눌 수 있을지 고민하고 있다.

사회에 대한 고민과 나의 삶

우선 이 생각은 매우 주관적이며 내가 봐온 학교 밖의 세상에 대한 이야기니 오해가 없었으면 좋겠다. 나는 남한산초등학교에서 가장 크게 배운 것이 내 안의 진정성을 발견했던 일이라고 생각한다. 다만 학교를 졸업하고 사회에 나가 여러 사람들을 만나고 또한 미디어와 대중매체를 통해 보는 한국사회, 즉 학교 밖의 세상에서 가장 크게 아쉬움을 느낀 것은 '진정성'이었다.

공교육에서 나타나는 학교폭력, 경쟁, 따돌림, 사교육, 자살, 청년실업, 언론사 파업, FTA, 4대강 등 지속되어진 악순환의 굴레. 이러한 문제들이 비단 어제·오늘 일만은 아닐 것이다. 하지만 개인적으로 생각하기에 이러한 악순환의 문제들 속에서 가장 선행되어야 할 것은 진정성을 갖는 일이라고 생각한다. 그렇다면 진정성이란 무엇일까?

자신이 무엇을 하고 싶은지? 더 나아가 그 일이 무엇인지 누구에게 어떤 영향을 끼칠지 정확히 알고 인식하는 것뿐만이 아니라 가장 보통의 존재, 나 그리고 모든 사람에게 본능과 원리로써 내재되어 잇는 선을 깨닫는 일이라 생각한다. 그럼 어떻게 하면 진정성을

그렇다면,
진정성이란 무엇일까?
산과 바다를 넘나들면서도 세계를 잊지 않는 사람이 되고 싶다.

가질 수 있는 것일까?

놀게 해주어야 한다. 자연스럽게 풀어주어야 한다. 놓아주어야 한다. 그렇게 된다면 한동안 무질서와 혼동이 있을지 모른다. 하지만 금세 제자리를 찾고 각자의 역할대로 순기능을 하게 될 것이다. 우리는 스스로를, 우리를 믿어야 한다.

교육으로 예를 들어보자 거의 모든 사람이 초·중·고 대학까지 짧게는 12년에서 길게는 16년 동안 학교라는 틀 속에서 끊임없이 무엇인가를 배우고 있다. 하지만 배움이라는 말이 무색하게도 학교에서 나오는 아이들의 신음소리는 더욱더 커져가고 있다. 왜 그럴까? 진부하리만큼 많이 들었던 주입식교육의 폐해, 내가 없는 공허한 배움, 이 모든 것이 아이들의 주체성을 앗아가고 있다.

결국 건강한 아이들을 위해서는 주체성의 압박과 주입으로부터 시작되며 아이들의 신음소리와 함께 파생되는 문제들은 주체성을 회복하고 스스로 찾을 수 있게 해주는 것이 순서이다. 또한 그러한 주체성은 진정성과 불가분의 관계에 놓여있고 주체성을 갖게 된 순간 진정성을 인식하게 될 것이고 그 순간 신음소리 대신 콧노래가 들려올 것이다.

더불어 내가 생각하기에 한국사회는 일제강점기·남북한전쟁·IMF 등 특수한 환경 속에서 전해져 내려오는 어쩔 수 없었던 이전의 타성들을 벗어버리고 여러 가지 분야들이 모두 세계화에 발맞추어 '변화'해야 할 시기라고 생각한다. 그리고 그런 변화에 앞서 내가 남한산에서 발견했던 가장 큰 배움인 진정성이 주춧돌이 되어 변화할 수 있기를 바라본다.

덧붙이자면 이렇게 진정성·주체성이니 추상적인 의미로써 "변화"할 수 있었으면 좋겠다는 말만 던진다면 분명 사람들도 빛 좋은 개살구처럼 "아 옳은 말이야, 그래야지"하고 넘어갈지도 모르겠다. 그런 의미에서 구체적인 제안을 해보고 싶다.

이우학교 교장선생님이 입버릇처럼 하시는 말씀이 "가장 이상적인 것이 가장 현실적인 것이다." 논리적으로는 굉장히 논란이 많을 수 있는 말이고 또한 여러 의미가 섞여 있는 말인데, 우선 논리는 접어두고 마음으로만 느껴보자.

내가 제안하고 싶은 것은 아마도 이 책을 읽고 계시는 분들 많은 분들이 아이가 있으신 분들일 것이다. 우선 A4 용지와 가장 빠르게 쓸 수 있는 연필을 준비하고 천천히 왼쪽 가슴에 손을 얹고서 아이를 떠올리며 그저 느껴보자. 그 후 부끄러움, 슬픔, 미안함, 후회, 양심의 소리까지 하나도 놓치지 말고 듣고 생각해보자. 우리 애만 잘되기를 바라지는 않았는지, 잘 먹고 잘 싸고 잘 자는 것만으로도 스스로 할 일을 다 하는 것인데 재촉하거나 욕심을 부리지는 않았는지.

그 뒤 생각나는 것들을 놓치지 않고 다 적어놓고 실천하자. 솔직히 아이를 낳으실 정도의 연세가 되셨으면 분명히 안다. 알 수밖에 없다. 무엇이 중요하고 또한 무엇이 옳고 그른지.

그러니깐! 맨 날 학교가 안 바뀌니, 학교가 이러니 선생님이 저러니 시선을 밖으로 돌리지 말고 적어도 집안에서는 가정환경 속에서는 아이가 스스로 오롯이 선택하고 또 행복할 수 있도록 만들어주자. 그렇게 되면 결국에는 학교가 아이들을 바꾸는 것이 아니라 아이들이 학교를 바꾸게 될것이다. 늘 그렇듯 가장 이상적인 것이 가장 현실적이니깐. 나는 글을 쓸 것이다. 나는 춤도 출 것이고, 노래도 부를 것이다. 그리고 또 어느 순간에는 카메라 앞에서 연기할 것이고 산으로 들로 강으로 바다로 세계로 여행할 것이다. 그리고 오롯이 홀로 집을 지을 수 있고 농사를 지을 수 있으며 옷을 만들어 입을 수 있는 사람이 될 것이며 산과 바다를 넘나들면서도 세계를 잊지 않는 그런 사람이 되고 싶다.

이 정 3학년 때인 2000년 가을 남한산초등학교로 전학을 왔다. 그는 '내가 배워야 할 모든 것을 여기서 배웠다'고 기억한다.

세상 소리의 매력에 빠져들게 한 학교

김찬울

남한산을 30분씩 뛰어 올라 등교하는 아이가 되다

초등학교 4학년은 내 기억 속에 잊을 수 없는 충격적인 기억으로 남겨져 있다. 누구나 한 번씩 겪는, 최악의 폭력 선생 손에 맡겨졌기 때문이다. 자기 기분에 따라 매일 아이들을 향해 처참한 손찌검을 하는, 그리고 심지어 대걸레로 때리는 걸로 모자라 아이들의 얼굴에 문대기까지 하는 그런 최악의 폭력 선생의 만남이 잊을 수 없는 초등학교 4학년에 있었다. 그런 폭력적 선생을 학교는 제지할 방법도, 경고를 줄 방법도 전혀 없었나 보다. 그러한 일은 1학기 내내 빈번히 일어났다.

도저히 난 견딜 수 없어 어머님께 넌지시 말씀드렸더니, 전학을 한 번 생각해보지 않겠냐는 권유가 있었다. 경기도 성남시와 광주시의 경계 부근에 남한산성이 있고, 그 안에 초등학교가 있다는 사실을 알려주셨고, "지금 다니는 학교와는 조금 다른 학교니 관심 있으면 한번 가보자."는 말씀이셨다. 다니던 학교에 이미 정이 떨어질 대로 떨어진 상태라 당장 가보자고 말씀드렸다. 그렇게 '남한산초등학교'와 나의 인연은 시작되었다. 나에게 천국과도 같은 느낌을 주고 있는 '남한산초등학교'에 그렇게 첫발을 디디게 되는 순간이었다.

남한산초등학교를 찾아간 첫날 본 풍경은 십 년이 지난 지금까지도 눈에 선하다. 수많은 음식점들 틈 안에 보물처럼 숨겨져 있던

● 연무관은 정말 즐거운 배움의 터전이었다. 경사진 언덕과 함께 '할아버지 나무'를 옆에 두고 우리는 포대 자루로 눈썰매를 타고 놀았다.

남한산초등학교, 그 뒤로 붉게 물든 하늘이 학교를 품었고, 황토색으로 짙게 깔린 넓은 운동장, 그리고 그 바로 위에 있던 일 층짜리 오래된 건물, 이런 풍경이 아직까지도 생각에 아련히 남아있다. 다시 가지 못하는 아쉬움에 대한 향수일까, 그 모습은 아직까지도 뇌리에 잊히지 않는다. 남한산초등학교는 그야말로 산속에 있어서 뒷산에서 오디도 따 먹고 산딸기도 따 먹을 수 있었다. 학교 바로 옆에는 조선 시대 군사양성소로 쓰였던 '연무관'이라는 곳과 함께 꽤 경사진 언덕이 있었다. 겨울이 되어 눈이 쌓이면, 그곳에서 포대 자루 하나를 구해 눈썰매도 탈 수 있는 그런 언덕이었다. 학교 운동장에 있던 놀이터도 다른 학교와는 사뭇 달리 좋았다. 철봉만 딱 있는 일반 학교의 놀이터와는 전혀 다른 모습이었다. 남한산초등학교에 안 다닐 이유가 없었다. 나는 남한산초등학교로 전학을 가기로 결정했다. 그 후 나는 학교에 갈 때, 산을 30분씩 뛰어 올라가 등교하는 그런 아이가 되어있었다.

지 덕 체를 모두 배운 '남한산'의 교육
'참 삶을 가꾸는 작고 아름다운 학교, 남한산초등학교'에 전학한 후의 시간들은 내 생애 최고의 시간으로 기억되는 행복한 시절이다. 그야말로 지성과 인성이 조화롭게 발달할 수 있는 전인교육에 내가 자연스럽게 녹아들어 갔던 시기이다.

  남한산초등학교의 수업은 왕성한 내 지적 호기심을 채워주기에 충분했다. '토요특강'이라는 것이 있었는데, 매주 토요일 6분씩 선생님들이 돌아가며, 예를 들면 '연극'과 같은, 각자 자신의 특화된 과목을 창안해 가르쳐주셨던 독특한 수업이 지금까지도 내 기억에 쏙 박혀있다. 그리고 '블록수업'이라는 것이 있었는데, 이것은 40분짜리 수업 두 개를 하나로 합쳐서 80분 동안 진행되는 수업 방식이었다. 단순히 지식 전달에 그치는 것이 아니라, 토론하고 쌍방향 소통을 할 수 있는 수업이어서, 궁금증과 호기심이 많던 내 지적 욕구를 채워주기에 충분했다. 그때 비로소 배운다는 것은 재미없고 지루한 것이 아니라 기대감으로 흥분되고 뭔가 뿌듯함이 느껴지는 것임을 알게 되었고, 초등학교 이후로도 그 경험이 지속적으로 내 배움의 열정에 자극을 주었다.

토요특강은 내가 가장 좋아하던 프로그램 가운데 하나였는데, 특히 안순억 선생님의 연극 특강이 가장 뇌리에 남는다. 학창시절에 연극반 활동을 하셨던 안순억 선생님은 연극에 일가견이 있으셨다. 아이들은 특강 시간에 상황극을 만들기도 하고 연극 연기를 통해 자신의 감정을 표출할 수 있었다. 배우처럼 연기를 직접 하는 것도 좋았을 뿐만 아니라 너무 즐겁게 웃었던 기억 때문에 가장 기억에 남는다.

매주 배운 교과의 주제들을 좀 더 깊게 알 수 있도록 유도하고 아이들 스스로 학습하려는 욕구를 자극했던 안순억 선생님의 '숙제클럽'도 있었다. 숙제클럽에 가입하면, 아이들은 매주 과목별로 한두 개씩 질문이나 과제가 들어가는 숙제를 받았는데, 보통 국어, 수학, 사회, 영어, 기타로 이루어졌다. 그 가운데 가장 기억에 남는 과제는 자기 몸의 부피를 재는 방법을 고안하는 것이었다. 내가 처음에 생각했던 방법은 욕조에 물을 넣고 몸의 부피를 재는 것이었다. 그러나 곧 몸속에 빈 공간이 있다는 것을 깨닫고 CT촬영법처럼 몸을 잘게 수평으로 잘라 공간을 계산하는 방법을 추론할 수 있었다. 나중에 공부해보니, 이는 사실 적분의 개념이라는 것을 알 수 있었다. 남한산초등학교는 어떠한 선행 학습 없이도 이런 숙제클럽을 통해서 학생들이 자신의 사고를 확장시킬 수 있게끔 도와

● '남한산'에는 숙제클럽이라는 것이 있었다. 기억에 남는 숙제 중에 자기 몸의 부피를 재는 방접을 고안하는 것이 있었다. 나는 몸속에 빈 공간이 있다는 것을 깨닫고 CT촬영법처럼 몸을 잘게 수평으로 잘라 공간을 계산하는 방법을 추론해냈다.
ⓒMBC

주었던 것이다.

남한산초등학교에는 Book-ing 대회라는 것이 있었다. Book-ing 대회란 매주 책을 읽고 독후감을 학교 홈페이지에 올려 독서왕을 뽑는 대회였는데, 이 대회에서 순위권 안에 들면 선생님 댁 방문권을 거머쥘 수 있었다. 완전 좋아하는 안순억 선생님과 함께 서점에 놀러 가기도 하고, 선생님이 해주신 저녁밥과 그 다음 날 아침밥을 먹을 수 있는 어마어마한 상품이었다. 이때 선생님 댁에 가고 싶어 아이들이 엄청나게 책을 읽었다. 나도 한 달 동안 77권의 책을 몰입해 읽었는데, 이러한 과정을 통해 '행복한 책 읽기'라는 벅찬 감동을 느꼈다. 안순억 선생님께서 어릴 때 책 100권 읽은 것은 1억 원의 가치가 있는 것이라며 말씀해 주셨는데, 그때 경험이 지금껏 총 4억 5천만 원(대학원: 5년간 매년 8,500만 원 장학금 및 생활비, 대학교: 이공계 국가장학생 전액장학금 7학기×320만 원, 대한민국 인재상 : 300만 원)에 달하는 장학금을 받는 데 큰 기여를 했으니 정말로 그 말씀이 맞다는 생각이다.

  토요일 가운데 특정한 날을 지정하여 시수를 묶어 진행하는 프로젝트 수업이 있었다. 나는 그 시간에 공예, 도자기, 댄스 그리고 연극을 경험해 볼 수 있었다. 무엇을 만드는 데 취미가 있었던 나는 공예와 도자기를 배움으로써 내 손에서 하나의 작품이 나온다는 것이 감격스러웠다. 특히 공예 작품은 남한산 축제기간에 판매되기도 해서 어린 나이에 장사도 경험해 볼 수 있는 좋은 추억이 되었다. 또 춤추는 것에는 완전 젬병인 내가 보아의 No.1에 맞춰서 춤을 출 수 있다는 사실 자체가 신기했다.

  남한산초등학교는 매년 남한산성 일주대회를 열었는데, 매년 참석해서 완주해야 졸업한다는 얘기가 있었을 만큼 그 열기도 대단했고, 아이들은 매년 5km~13km에 달하는 긴 거리를 완주한다는 것에 대해 자부심도 강했다.

그리고 '쓰레기클럽'을 조직해 하루에 50L 쓰레기봉투를 채웠던 봉사활동은 내 생애 잊을 수 없는 소중한 기억으로 남아 있다. 쓰레기클럽을 조직한 이유는 산책을 하다 보니 산속임에도 불구하고 사람들이 버리고 간 쓰레기들도 너무 많았고, 그 쓰레기들이 너무나 오래되어 흙 속에 파묻혀 버린 경우도 많았다. 그래서 매일 산책을 나가면서 쓰레기봉투를 하나씩 들고 산속을 깨끗이 청소하자는 얘기가 나왔고, 큰 호응과 함께 실천에 옮겼다. 큰 봉투를 하나씩 들고 나가 거의 매일 같이 그 큰 봉투를 모두 쓰레기로 채웠는데, 좋은 일을 한다는 뿌듯함도 뿌듯함이지만, 그 큰 봉투가 가득 차는 것을 보면서 성취감을 느꼈다. 이 때문에 하나의 일이 더 생겼다가 아니라, 하나의 놀이가 더 생겼다는 느낌을 받았고, 아이들도 그랬는지 모두 재미있게 쓰레기를 주우러 다녔다. 쓰레기를 주우면서 가끔 마치 조선시대에 쓰던 엽전처럼 보이는 것도 발견해 신나했고, 북한에서 뿌리는 삐라도 발견해 수거해서 경찰서에 가져다 드리기도 했다. 경찰서에 삐라를 가져다드리고 받는 볼펜은 '보너스!'였다.

다양한 세상을 보도록 도와준 선생님과 친구들

4학년 중간, 남한산초등학교로 전학 왔을 때 첫 담임선생님이 바로 '들판짱' 김순옥 선생님이셨다. 선생님이라는 호칭보다는 '들판짱'이라는 호칭을 더 좋아하셨던 선생님이셨다. 내가 전학 들어간 바로 그날, 학교에서 개울가로 놀러 갔던 것이 기억에 남는다. 그때 내가 어찌나 신나게 놀던지 바지가 찢어져 버렸다. 웬만하면 물에서 나오는데 웃옷으로 찢어진 부분을 가리면서 끝까지 논 기억이 있다. 그만큼 도시에 있는 학교를 다니다가 산골에 있는 학교로 들어가 자연 속에서 뛰어노는 것이 재밌었던 것이다. 얼마나 재밌었으면 4학년인데 창피한 줄도 모르고 찢어진 바지를 입고 물놀이를 하겠는가! '들판짱' 김순옥 선생님은 그게 인상 깊어서 글로 그 일화를 남겨주셨다. 어떻게 보면 천방지축이고 심각한 장난꾸러기였던 나를 따듯한 시선으로 바라봐 주시고 그런 나를 적극성 있는 아이라고 장점을 봐주셨던 것이 내 장난기를 건강하게 발산할 수 있는 계기가 되었던 것 같다. 그때, 그 글에서 엉덩이가 툭 튀어나온 게 오리 궁둥이 같다고 별명을 '오리'라고 지어주셨다. 그 이후로 나는 '김찬울'이라는 이름 대신 '오리'란 별명으로 불리기 시작했다.

그렇게 반년을 행복하게 보낸 뒤, 5학년 때는 김철수 선생님을 담임 선생님으로 만나게 되었다. 김철수 선생님은 초등학교 선생님이기도 하시지만, 시를 쓰는 시인이셨다. 그래서 그런지 말씀 한 마디 한 마디가 시적이고 아름다웠다. 어린 시절 나의 감수성을 톡톡 건드려주시는 분이었다. 그런 선생님이 나는 좋았다. 어느 날, 선생님께서 "너는 항상 오리가 '꽥꽥' 소리를 내고, 고양이가 '야옹 야옹' 소리를 낸다고 생각하니?"라고 물으셨다. 나는 당연히 그렇다고 말했다. 선생님은 "오늘 네가 하루를 지내면서 네가 알고 있던 소리는 전부 잊어버리고 들리는 대로 수첩에 적어보라"고 하셨다. 그때까지도 나는 당연히 오리는 '꽥꽥', 고양이는 '야옹야옹'이라고 생각했다. 그런데 진짜 들어보니 오리가 '꽥'이라고 소리 내는 것만은 아니었고, 고양이도 마찬가지였다. 사실 세상의 소리는 어느 하나로 정형화되어 있다고 말하기 어려웠다. 그 순간부터 나는 세상 소리의 매력에 빠져들었고, 동물의 소리뿐 아니라, 차의 경적소리, 발자국 소리를 들리는 대로 다양하게 노트에 적어나갔다. 선생님은 나를 부르셔서 소리에 대해 적은 것들을 이야기하며 좋아하셨다. 결국 그 결과물을 '창의력 경진대회'에 갖고 나가게 되었고, 작지만 소중한 상을 탈 수 있었다. 그렇게 선생님의 한 마디 한 마디가 나를 변화시키는 기폭제가 되었다.

남한산초등학교에서의 마지막 1년, 6학년은 안순억 선생님과 함께했다. 안순억 선생님께서 내게 미치신 영향은 어마어마했고, 지금껏 내 삶의 멘토로 모시고 있는 분이다. 앞서 소개한 Book-ing Club, 숙제클럽이라는 것을 학생들을 위해 만들어주시고, 숲 산책을 하고 차를 마시며 사회적 이슈에 대해 이야기할 수 있는 장을 만들어 주신 분이 안순억 선생님이다. 숲 산책을 하던 어느 하루, 안순억 선생님은 사람이 피가 흘러 순환하듯이 나무도 나무의 피가 있다고 하셨던 적이 있다. 그러면서 나무의 심장에 귀를 가만히 갖다 대보라며 권유하셨다. 처음에는 아무리 귀를 갖다 대도 소리가 안 났는데, 차분히 숨을 멈추고 다시 한 번 대보니 정말 무언가

들어본 적 없는 자그마한 소리가 들렸다. 사람이 생명이 있듯, 나무도 생명이 있다고 하셨다. 그래서 자연을 소중히 해야 한다는 말씀을 하셨다. 그렇게 안순억 선생님은 아이들과 자연을 따뜻한 가슴으로 안아주시는 분이셨다.

 우리 남한산 하늘마을 친구들은 내게 참으로 특별한 존재다. 우리 20명은 3년여의 시간 동안 같이 자연을 벗 삼았고, 있는 그대로를 받아들였다. 우리는 각각 참 개성이 강한 아이들이었지만, 그 개성이 들판에 흐드러진 꽃들처럼 자연스럽게 어울려졌다. 겉으로는 강인하지만 속은 참 부드러운, 정감이 가는 글을 쓰는 정이, 사람을 참 편안하게 배려해주는 성범이, 가끔 감정이 격해지지만 착한 세준이, 경탄할 만한 글솜씨를 지니고 감수성이 풍부했던 다은이, 조용해 보이지만 웅변을 그렇게 잘했던 채빈이, 배움의 열정을 발산했던 유진이, 음악적 감수성이 풍부했던 한별이, 깊은 사고로 꼬마 철학자라고 불렸던 인영이, 달리기도 그렇게 잘하고 성실했던 상록이, 지면상 언급하지 못한 친구들 모두 지금도 생각할 때마다 만날 때마다 행복해지는 그런 아이들이다. 그들과는 쓰레기클럽도 열성을 다해 활동했고, 보성에 놀러 가 차도 따고, 만들며 추억을 쌓았고, 머나먼 중국 여행에서 부대끼었던 친구들은 지금까지도, 아니 평생 잊지 못할 친구들이다.

나는 세상 소리의 매력에 빠져들었고
동물의 소리뿐 아니라, 차의 경적 소리,
발자국 소리를 들리는 대로 다양하게 노트에 적어나갔다.

'남한산' 졸업 이후 UNIST 진학과 현재까지

대안중학교 시절

남한산 생활을 지속하고 싶은 마음에, 남한산초등학교와 비슷한 환경을 제공한다는 대안학교에 큰 꿈을 안고 입학했다. 행복했던 남한산초등학교의 경험을 성장시킬 수 있는 훌륭한 학교라고 믿었기 때문이다.

입학 후, 1학년 1학기 학급 반장으로 임명되고, 2학기 때는 보궐선거로 학생회장으로 임명되면서 남한산의 연장선상에서 내 꿈을 펼치고자 노력했었다. 남한산에서 했던 쓰레기클럽을 '줍자 클럽'으로 명명해 다시 만들어 봉사활동을 적극 실천했고, 지적 성취를 친구들과 나누고 싶어 학습 내용을 정리하여 학교 LMS system(온라인으로 학생들의 성적과 진도, 출석 등을 관리해주는 시스템)에 올리고, 모둠 또는 전체 활동에서 공동체 의식을 살리고자 나름 노력했다. 그러나 이 시절에 많은 선생님들의 격려와 지지를 받기도 했지만, 또 다른 한편에서는 작은 반대와 어려움에 부딪히며 나의 열정은 점점 식어가기 시작했고, 그러한 상황과 맞물리며 그즈음 우연히 학교에서 들었던 특성화수업(학부모 특강) '물리'는 내 안의 지적욕구를 자극했다.

물리 특성화수업 이후 바로 만든 스터디그룹을 도와주셨던 과학 선생님이 학교를 그만두시게 되면서 상실감이 매우 컸다. 그때 인문학 쪽이 더 강한 대안 중학교의 한계 때문에 제가 하고 싶은 이공계 공부를 마음껏 할 수 있는 환경을 갈망하게 되는 계기가 되었다.

문득 과학고등학교(이하 과고)에 진학할 것을 권유했던 과학 선생님의 조언이 생각나며 과고에 진학할 결심을 하게 되었다. 이후 바로 과고에 가기 위한 공부에 몰입하게 되는데 영향력 있는 몇 분의 선생님으로부터 비난을 받으며, 술과 담배 그리고 게임중독에 빠져있던 다른 학생들보다도 이해받지 못했던 아픈 기억이 있다. 제도 교육의 획일화된 틀을 깨고자 설립된 대안 학교에서 또 다른 획일화의 틀로 가두려는 거이라 생각했다. 학생의 다양성을 존중해 주고 저마다 특성을 살려 교육하겠다는 대안 학교도 한계가 있었던 것이다.

결국 초등학교 때부터 준비된 아이들만 들어간다는 과고를 선행학습도 전혀 되어 있지 않고 워낙 소규모라 내신도 불리한 대안 학교에서 겨우 9개월 만의 준비로 합격하기엔 역부족이었다. 그러나 그때 몰입했던 학습 경험은 오히려 학습에 대한 자신감을 주었고 내 안의 욕구를 발견하는 계기가 되어 나름 의미 있는 도전이었다.

일반 고등학교 시절(고1 1학기)
일반 고등학교(이하 일반고)에 다니지 않았더라면 대부분의 내 또래들이 어떤 문화와 정서를 갖고 있으며 제도교육은 어떠한 문제가 있는지 모를 뻔했으므로 일반고에 다녀보길 참 잘했다고 생각하지만 일반고에 입학한 후 10일 만에 자퇴를 결심했다.

가히 학교붕괴라 할 만한 소란한 수업시간, 무능력한 교사의 무성의한 수업, 비인격적 체벌과 벌점 등 무기력한 학교 현실과 하고 싶은 공부를 할 수 없는 환경에서 3년을 소모해야 한다는 공포감 때문이었다.

그래서 '체험학습' 수준에서 1학기만 다니고 자퇴한 후 검정고시로 대학을 진학할 결심을 구체화했다. 대신 한 학기 동안 누구보다도 열심히 학교를 다닐 것이며 깊이 체험할 것을 부모님께 말씀드렸을 때 부모님께서는 내가 내 선택에 대해 책임질 수 있으리라는 믿음을 보여주시며 흔쾌히 내 선택을 지지해 주셨다. 담임 선생님도 내가 "사회성에 문제가 있다면 반대하겠으나" 스스로 모험을 선택한 내 결정을 지지하고 도와주셨다.

입시학원 시절(고1 2학기~고2)
전국 최고의 재수 수재들이 간다는 학원에 시험을 보고 들어갔다. 학생들의 학업 수준은 비슷했는데 수준별 수업이 이루어졌다. 일단 초등학교 졸업 이후 처음으로 공부에 집중할 수 있는 조용한 수업환경이 가장 마음에 들었다. 뛰어난 실력과 전달능력을 지닌 선생님들의 수업, 열심히 교재연구를 한 후 개발된 수업자료 등이 또한 인상적이었다.

설립 취지는 훌륭했으나 무책임하게 느껴진 대안 중학교와 달리 제도교육의 많은 문제들이 첨예화된 일반 고등학교에서는 전혀 접해 볼 수 없었던 면이어서 참신하기조차 했다. 중2 때까지 그 흔한 영어 조기교육부터 사교육을 전혀 받지 않았던 나로서는 새로운 경험이었다. 다양한 지역과 연령의 학생들이 모였기 때문에 다양한 인간관계를 맺을 수 있는 기회이기도 했다. 워낙 낯선 환경에 대한 적응력이 좋은 편이라 그들과 금방 친해졌으며 지금까지도 그 네트워크가 유지되며 필요한 부분에서 서로 돕고 소통하고 있다.

입시 위주의 교육을 피해 대안을 찾아다녔던 내가 입시학원(사교육)에서 오히려 '대안'을 보았다는 것은 아이러니였다. 분명 왜곡된 상이지만 그만큼 '수업'을 소홀히 하는 우리 학교 교육의 문제점이 잘 드러나는 지점이라고 생각한다.

UNIST 진학과 현재의 삶

수능시험이 끝난 후 가고 싶은 대학을 고르다가 그 해 특별법에 의해 신설된 국립울산과학기술대학(이하 UNIST)을 발견했다. UNIST는 정부가 KAIST, POSTECH과 함께 이공계 트라이앵글로 육성하려는 국립대학법인이었다. 나는 UNIST가 내세우는 비전과 목표를 듣고 '인류에 공헌하는 세계를 선도하는 과학자'라는 말에 꽂혀 당시 수능 점수로 합격이 가능했던 서울 유명대학의 진학을 포기하고 UNIST 진학을 결심했다.

UNIST는 그야말로 배움에 대한 열정을 맘껏 발산하게 해주었다. 도서관과 그룹스터디룸이 24시간 개방이 되어 시간의 제약 없

● 고등학교 1학년 1학기만 다니고 자퇴한 나는 곧바로 재수학원에 들어가 1년 6개월 뒤에 국립울산과학기술대학교(줄여서 UNIST라고 부른다)에 합격했다.

이 밤새 공부할 수 있었고, 학부생들에게 열려있는 교수님들의 다양한 연구실은 '인류에 공헌하는 세계를 선도하는 기술'에 대한 꿈을 구체화시키기에 충분했다. 뿐만 아니라, 인격적으로나 학문적으로나 존경할 만한 훌륭한 교수님 밑에서 수업을 듣고 공부할 수 있어 행복했다. 캠퍼스 안에서 이루어지는 100% 영어수업은 세계를 향한 나의 꿈을 실현시키는 데 밑거름이 되었다. UNIST는 1학년 때 일반물리, 일반화학, 대학수학 등 기초과목과 다양한 인문학 수업(Arts, Humanities & Social Sciences)을 자유롭게 수강한 뒤 2학년 때 전공을 정하는 데, 나는 에너지공학과 소자물리학을 선택했다. 많은 사람들이 '에너지 문제' 때문에 골치 아프고 힘들어하는 모습을 보면서 이제는 남한산초등학교에서 내가 배웠던 행복을 다른 사람들과 공유할 수 있는 방법을 찾아보고자 선택했다.

대학 졸업 후에는 이러한 방법을 좀 더 심도 있게 공부하고 세계로 뻗어 나가 보고자 미국 뉴욕 맨해튼에 있는 컬럼비아대학교 응용물리학 및 응용수학과 석박사통합과정으로 진학하기로 해 입학 예정에 있다.

8년 전 자연 속에서 뛰어놀았던 기억을 간직한 채, 지금은 자연과학을 공부해 현실에 적용시키는 것을 공부하고 있다. 나는 '세상을 바꿀 수 있는 기술은 무엇일까?'라는 의문을 끊임없이 생각하는 21살의 젊은 과학도이다. 그 기술로 에너지와 응용물리학을 선택했고, 이것을 공부하고자 곧 2012년 8월 미국으로 출국할 예정이다.

● UNIST는 1학년 때 일반물리, 일반화학, 대학수학 등 기초과목과 다양한 인문학 수업(Arts, Humanities & Social Sciences)을 자유롭게 수강한 뒤 2학년 때 전공을 정하는 데, 나는 에너지공학과 소자물리학을 선택했다.

내 경험을 통해 본 우리 교육에 대한 바램

나는 특이하게도 공교육뿐만 아니라, 대안교육의 최전선을 경험했고, 사교육 최전선도 경험했다. 이제 이렇게 다양한 교육 방식을 겪고서 나름의 제가 생각한 이상적인 학교를 우리 사회와 세계에 제안해보고 싶다.

내가 꿈꾸는 교육은 현재 김상곤 교육감이 있는 경기도교육청이 밝힌 경기 교육 정책의 목표와 크게 다르지 않다. 바로 '더불어 살아가는 창의적인 시민 육성'이다. 물론 여기서 '시민'은 전인교육을 기본 소양으로 해야 한다. 그리고 세부 목표인 '공동체의식 함양을 위한 인성교육 강화', '기본이 튼튼한 창의적 인재 육성', '행복한 학교, 차별 없는 교육복지 구현', '참여와 소통의 교육문화 실현' 도 매우 좋다고 생각한다. 문제는 '어떻게 실천할까?' 란 것이다. 실천의 상을 밝혀야 하고, 실천의 걸림돌을 치워 버리고, 디딤돌을 마련해야 한다고 본다.

먼저 실천의 상이다. 그것은 전인교육의 두 축인 인성과 지성을 기르는 비중을 초·중·고로 된 공교육의 급별 체계에 따라 분배하는 것이다. 곧, '초등학교는 인성을 중심으로, 중학교는 인성과 지성을 고르게, 고등학교는 지성을 중심으로' 라는 원칙이 적용돼야 한다고 생각한다.

다음으로 실천의 디딤돌이다. 그것은 선생님의 전문성을 살리고, 학생들의 자율능력을 키우는 학교의 틀을 마련하는 것이다. 곧, '교과체제'를 마련하는 것이라 생각한다. 아울러 교육과정의 유연성을 살려 교과목을 학생들이 좀 더 폭넓고 원하는 것을 선택할 수 있도록 해야 할 것이다.

이와 더불어 실천을 위한 지원체제도 마련되어야 할 것이다. 현장 학교를 돕는 지원의 틀이 교육청이나 지역사회, 교육단체 등에서 합심하여 마련되었으면 한다.

초등학교 교육 : 체험과 행복을 배우는 인성교육 활동 중심으로
초등학교 교육의 형태는 인성을 바탕으로 한 다양한 분야에 대한 체험이 기본이 되어야 한다고 생각한다. 말하자면, 학생 스스로 좋아하는 분야를 찾아 학습 동기를 마련하고 이론적인 부분보다는 여러 분야를 체험하고 이해함으로써 스스로 생각을 넓고 깊게 만들 수 있을 것이다. 이것은 나중에 배우고 살아가면서 통합적이고 유연한 사고방식, 즉 창조적인 사고방식을 갖게 하는 데 큰 도움이 된다고 생각한다. 그런 의미에서 본다면 내가 경험한 남한산초등학교가 '모델'이 될 수 있다는 생각이다.

중학교 교육 : 인성과 지성을 고르게 기를 수 있도록
중학교 교육의 형태는 인성과 지성을 고르게 기를 수 있도록 교육과정을 운영하는 것이 기본이라 생각한다. 그래서 '공동체의식 함양을 위한 인성교육'과 함께 '기본이 튼튼한 창의적 인재'를 기를 수 있도록 '인성과 지성'을 고르게 운영하는 교육과정을 마련하고 이에 따라 '행복하고 차별 없는 학교'에서 선생님들은 참여와 소통의 문화를 만끽해야 하고, 학생들은 스스로 삶을 가꾸어 살아갈 수 있는 '진로'를 이모저모로 탐색해야 한다고 생각한다.
　내가 경험한 바로는 '사고력이나 판단력'과 같이 생각하는 힘이

부쩍 자라는 중학교 시절에 '지성'을 소홀히 해선 안 된다고 생각한다. 지나치게 섣부른 '인성주의'는 중학생들이 지닌 잠재 능력을 무시하게 되고, 그 학생의 소질과 적성에 맞도록 이끌지 못할 수 있다고 생각한다. 특히 '수업'이 살아나지 않을 때, 대부분의 학생들은 학습에 의욕을 잃고, 노력해도 되지 않는 나락에 떨어진 만큼 학생들과 맞춤형으로 상담하고, 문제를 도와주려는 선생님들의 자세가 마땅히 필요하다고 생각한다.

흔히 선생님들은 전통의 주입식 교육을 벗어나려면 학생들의 모든 활동이나 의견을 수렴하고 제대로 펼칠 수 있도록 학생 수를 줄여야 한다고 말한다. 하지만 제가 다닌 대안학교는 교사 대비 학생 수가 1:20 정도였고 1년 정도 교과교사와 상담교사가 분리되어 있었지만 저로서는 예상과 달리 '만족감'을 누리지 못했다. 대안 학교에서의 교육과정은 대체로 훌륭했으나, 좀 더 활기찬 '수업'이 실시되지 않아 아쉬웠다.

그렇게 된 까닭을 나름대로 정리하면 다음과 같다.

첫째는 담임선생님들이 '대안 학교 형 행정 잡무'에 시달리고 있었다. 작은 학교라도 '한 학교'란 점에서 각종 '공문'에 시달린 듯하다.

둘째는 담임선생님들이 이른바 '부적응 학생'에 대한 생활 상담에 치중하면서 학습상담은 거의 제대로 하지 못했다. 학생상담 담임제를 실시했으나, 내 기억으로는 1년 동안 한 번도 상담을 받은 적이 없는 것 같다.

● 나는 UNIST에서 바이올린 연주자로도 활동하고 있다. 아래 사진은 독일초청공연을 갔을 때 찍은 사진이다.

셋째는 대안학교에 부담을 느껴 무리하게 교육과정 재구성을 지향하면서 교과목마다 교과서를 일반 학교와 구별해서 따로 활용한 것도 작용했다고 본다.

이런 요인들이 복합적으로 작용하여 선생님들이 처음에 내세운 만큼 '수업'을 준비하고 운영하는 데 전념하고, 집중력을 발휘하지 못했기 때문에 '일반 학교'와 비슷한 결과를 빚었다고 본다. 대안학교로서는 한때의 시행착오라 볼 수도 있을 것이라 생각한다. 내 생각으론 '사교육을 받지 않아야 한다.'는 당위에 집착만 했지 '사교육을 받지 않아도 되는' 수업을 하기엔 역부족이었다는 생각이 든다. 그런데, 중학교에서는 정말로 선생님들이 학생들에게 더 관심을 갖고 좋은 강의를 하기 위해서 선생님들의 행정 잡무를 행정 인력에게 넘기고 학생들의 지적 호기심을 살려서 스스로 배움에 열중하며 학습 동아리를 만들어 함께 토의하고 탐구하며 발표하는 활동이 활발히 이루어질 수 있도록 해야 한다.

그래서 대안 중학교가 일반 학교에 비해 좋은 조건임에도 비슷한 결과를 낳은 까닭은 '교과체제'와 '교과교실제'를 운영하지 않은 것이라 생각한다. 위에서 봤듯이 일반 학교의 행정 틀에다 대안 수업 내용을 담으려 한 것은 '밥'과 '그릇'이 따로 노는 결과가 된 것이다. 중학생에게는 학습 상담이 필요한데, 자신이 상담을 하고 싶은 선생님이 교무실에 있으니까 결국 상담을 제대로 하지 않게 된다. 그리고 한 교실에 20명의 학생들이 있어도 여전히 하루 종일 그 교실에 있다 보니 선생님들이 들어오는 시간마다 집중도가 떨어지고, 선생님들도 '맞춤형'으로 학생 파악이 어렵다. 교실에는 교과와 관련된 전문도서, 다양한 교육 자료가 있어서 '그 교실'에 맞는 알찬 학습 환경을 만들어야 했지만, 3개 학년 9개 학급으로 1학급 당 20명의 조건이라 일반 학교보다 훨씬 좋은 '대안학교'의 조건이었지만 '수업'에서는 다양성(토의, 토론), 효율성(100분 주제 수업, 수행평가), 안정성(정해진 시간)에서 그리 만족할 수준에 이르진 못한 것이다.

더욱이 시행하다 중단한 생활담임은 '작은 복수 학급'으로 꾸리지 않았다. 그래서 10명씩 정도로 생활상담 선생님이 맡은 인원을 줄이며 평소 학습 동아리로서의 친밀성과 활동성을 높이고, 담임 교사와 개별 학생 간에 가르치며 배우는 보람을 함께 나누는 사이로 이끌지 못한 것이 매우 아쉽다.

고등학교 교육 : 문제의식과 자기표현 능력을 기르고 지성을 중심으로
고등학교 교육의 형태는 초·중학교에서 기른 인성을 바탕으로 좀 더 지성 중심으로 교육과정을 운영하는 것이 기본이라 생각한다. 그리고 학생들 스스로 진로 의식을 바탕으로 배우는 즐거움을 맛보며 '학교 수업'을 바탕으로 기본 교과목을 충실히 소화해 내고, 일정한 수행평가를 해내며 적절한 취미나 특기 활동을 병행하며 봉사활동도 수시로 하는 모습이 바람직하다고 생각한다. 이런 자

율능력을 길러야 대학에 진학해서도 참다운 수학능력을 기를 수 있는 것이고, 21세기에 요구되는 창의적 인재로 커서 우리나라의 장래를 맡길 수 있다고 생각한다. 무엇보다 사교육을 받지 않아도 되는 고등학교 교육을 해야 할 것이다. 특히 일반 고등학교를 다니면서 느꼈던 것은, 전반적으로 수업시간을 줄이고 야자를 자율로 해야 된다는 것이었다. 창의성이라는 것은 다양성을 기반으로 나타난다고 생각한다. 야자와 지나친 수업시간은 그 다양성을 살릴 시간을 뺏는다. 예를 들어서, 사진을 배우고 싶어서 사진학원을 다닌다든가, 생물을 연구하고 싶어서 대학이나 연구소에서 옆에서 연구하는 것을 거들면서 배운다든가 할 때 앞에서 얘기한 문제는 큰 장벽이다. 그런데, 일반 고등학교에서 한 학기 정도를 지내본 결과, 솔직히 심정으로 선생님들의 교과 수업의 전문성은 의심이 들 정도로 기대 이하였다. 학교 선생님은 인성적인 측면까지 고려해야 하지만 학업 측면만 보면, 교과목의 지식은 둘째로 치고, 전달 능력에서도 어설픈 모습을 보인 선생님들이 계셨다. 물론 감탄을 연발할 정도의 수업을 하시는 선생님도 계셨지만 말이다. '아무리 재미 없고, 쓸모없는 수업 같아도 들으면 도움이 된다.' 라고 생각했던 내 생각이 흔들리기까지 했다. 수업하시는 모습은 천차만별이었다. 그냥 책을 읽으시는 선생님부터 개념 설명도 없이 바로 연습문제를 풀어보라고 하고, 못 풀면 망신을 주는 선생님, 그러고 나서 교과서 답지에 있는 풀이를 똑같이 적어주시는 선생님까지.

'그래서 사교육이 있구나.' 라는 생각이 절로 들었다. 고등학교 때는 기본적으로 수업의 질을 높여야 한다.

다음으로 '평가'와 관련한 문제이다.

본디 평가는 학습의 성과를 확인하는 데 목적이 있지만, 평가방식이 학습 방식을 거꾸로 규정하는 경향이 있다. 현재 평가 방식은 오지선다형 선택형 평가로 획일적 방식을 사용하고 있다. 평가 방식이 획일적이니, 수업도 주입으로만 치달은 것이다. 정답 고르기 방식의 '선택형 평가'는 창의적이고 다양한 학습 방법의 발전을 가로막는다. 다양한 창의성이나 종합하여 생각하는 힘을 기르는지를 매길 수 있는 발전된 평가 체제로 나아가야 한다고 생각한다.

첫째로 결과평가 중심으로부터 과정 중심, 활동 중심의 진단평가와 수행평가를 내실화하고 비중을 점차 높여가는 것이다. 이때, 학생이 학습과정에서 작성한 각종 보고서와 활동내용을 '교육 이력철'로 관리해 학생의 개성과 장단점 그리고 교육적 성장과정을 이야기 식으로 서술하는 것을 말하는 것이다.

둘째로 학생별로 학습능력, 준비정도, 가정환경 등이 다르니 학업성취도 달성 기준을 개인에 따라 달리 설정한다. 먼저 학년마다 학습을 시작하기 전(3월), 진단 평가로 출발선 수준을 측정하고 다음에 교과 담임교사 지도로 성취목표를 설정할 때 실천 계획을 스스로 세우고 문서로 작성하게 한다. 이러한 방법으로 학생들의 의지와 동기를 강화하는 것이다.

고등학교에서는 초등학교, 중학교보다 좀 더 학생들의 '지성 계발'에 비중을 두고 개인 맞춤형 교육이 필요할 것 같다. 고등학교쯤 되면 내가 어떤 것을 잘하고 어떤 것을 좋아하는지 알며 개인별로 특화된 교육을 받아야 할 때라 생각한다. 고등학교 때에는 학생들의 개별 학습능력을 살릴 수 있는 '자율교육과정'을 개발하고, 이를 통해 학생들을 창의적 인재로 기를 수 있도록 해야 한다.

'남한산'에서 얻은 행복과 나의 비전

"남한산초등학교에서 배운 게 뭐냐?"라고 누군가 나에게 묻는다면, "행복해지는 방법을 배웠습니다."라고 말하고 싶다. 행복은 그리 멀리 떨어져 있지 않다는 사실을 '남한산'에서 배웠다. 그저 하루 일과를 시작하기 전에 숲으로 천천히 걸어가 새들이 짓는 소리를 듣고, 나무의 심장 소리를 듣고, 오디를 따 먹는 그런 소소한 행복을 누릴 수 있는 방법이 있다는 것을 배웠다. 남한산초등학교는 수업을 시작하기 전에 따듯한 차를 한 잔 마시며 친구들과 일상 세상살이에 대한 나눔을 통해 소통을 하는 것이 행복하다는 사실을 알려 주었다. 그리고 '남한산'은 지식이 혼자 책만 뒤져가며 열심히 공부해 얻는 것이 아니라, 사람과 사람 사이의 토론과 협력으로 더 발전될 수 있음을 보여주었다. 경쟁보다 협력이 더 큰 성과를 낳고 더불어 행복하다는 사실을 몸으로 체득하게 해주었다.

초등학교 때 배운 지식은 남지 않지만, 행복을 만들어가는 기억은 지금까지 계속 담아올 수 있었고, 그것이 지금 내 삶의 원동력이 되고 있다. '행복해지는 법', 이것만 알고 있으면 아무리 힘하고 복잡하고 복잡한 세상이라지만 무서울 게 없었다. 거친 풍파 속에서 나 자신이 오롯이 설 수 있는 방법만 알고 있다면 그 속에서도 평온할 수 있는 것처럼.

점점 해를 거듭할수록 나는 거센 바람에 부딪쳤다. 그토록 열심히 했던, 모든 것을 바쳤던 과학고 진학의 꿈, 좌절로 끝내야 했고, 1년, 365일, 24시간, 86,400초 공부만 생각하고 공부만 했지만, 대학교 진학도 마찬가지로 좌절당했다. 그러나 난 그 속에서도 행복했다. 최선을 다했음에 행복했고, 같은 꿈을 꾸는 친구들과 꿈을 공유할 수 있어 행복했고, 그 친구들과 지적인 토론을 할 수 있어 기뻤다.

나에게 결과는 그리 중요하지 않았다. 그렇지만 과정의 기쁨은 소중했다. 결과의 기쁨은 한순간이지만, 과정의 기쁨은 내내 행복할 수 있기 때문이다. 과정의 기쁨은 행복한 삶뿐만 아니라 끝내 결과 또한 가져왔다. 과정의 기쁨을 느끼니 공부든 악기든 운동이든 봉사활동이든 열심히 할 수 있었고, 이러한 과정을 인정받아 2010년 가을, 피겨선수 김연아, 수영선수 박태환, 골프선수 신지애 등이 선정되었던, "지덕체를 갖춘 100인"에게 준다고 하는 '대한민국 인재상'을 수상하였다. 올해 2012년 3월에는 컬럼비아대학 응

● 난 과학기술의 진정한 묘미는 세상을 바꿀 수 있는 힘을 지녔다는 것이라고 생각한다. '세상의 패러다임을 바꾸는' 기술을 개발하는는 과학자가 되는 것이 내 목표다.

용물리학과에서 1년에 75,000달러 상당의 장학금과 함께 석박사 통합과정 입학허가통지를 받게 되었다.

흔히들 과학기술 연구의 묘미는 발견의 즐거움에 있다고 한다. 하지만, 난 과학기술의 진정한 묘미는 세상을 바꿀 수 있는 힘을 지녔다는 것이라고 생각한다. 철기 기술은 원시사회에서 거대한 문명사회를 건설하게 만들었고, 증기기관은 민주주의를 만들어 냈다. 최근 들어, 인터넷은 정보의 평등을 이뤄 세상의 패러다임을 바꾸었고, 소셜 네트워크는 재력과 '빽'이 아닌 콘텐츠가 좋다면 누구나 세상에 도전할 수 있는 기회의 평등을 이루고 있다. 나는 지금은 비록 '과학기술'에 입문하는 새내기이지만, 앞으론 이처럼 '인류의 삶을 바꿔 놓을 패러다임'을 제시하는 과학자가 되는 것이 꿈인 대한민국 청년이다.

내가 이 같은 생각을 하게 된 건, 중학생 때 학교에서 '현대 물리학과 세상의 이해'라는 과목을 들은 이후였다. 지금 현대 사회를 구성하고 있는 기본 원리는 물리학에서 비롯된 것임을 알았고, 곧 과학기술은 단순한 기술이 아닌 세상을 바꾸는 힘을 가진 도구라는 것을 깨달았다. 그 이후로 저는 물리학의 매력에 푹 빠졌고, 이어서는 수학, 화학 등 이 세상을 이끌어온 학문 모두에 온통 정신을 빼앗겨버렸다. 시간이 날 때마다 닥치는 대로 과학 관련 서적을 읽었고, 가슴속 끓어오르는 호기심으로 되지도 않는 물리학 지식을 갖고 〈The Elegant Universe〉 등을 읽으며 '초끈이론'이 뭔지

깊이 탐구해보기도 하였다. 또 지금 생각해보면 얼토당토하지 않은 논리로 수백 년 동안 안 풀린 '골드 바흐의 추론'을 해결해 보겠다며 나섰던 기억들이 아직도 선하다.

학창시절을 거치며 사회적 불평등에 대해 관심을 갖게 되었다. 이는 각기 저마다 다른 힘든 상황으로 인해 기회를 갖지도 못하고 꿈을 꾸지 못하는 친구들이 있는 반면 원하는 모든 기회를 가질 수 있고, 값비싼 과외도 받을 수 있는 친구들이 대비되었기 때문이다. 세상엔 왜 모두에게 기회가 평등하지 않을까란 생각이 내 머릿속을 맴돌았다. 그러던 어느 순간 과학기술의 진보가 봉건주의에서 결국 민주주의로의 변화를 가져왔던 일을 떠올리며, '모두를 풍요롭게, 그리고 모두에게 기회를 줄 수 있는 건 과학이다.'라는 생각을 하게 되었다. 어느덧 '과학기술을 통해 세상을 바꾸는 사람이 되자!'라는 생각은 사명처럼 다가왔고 그런 일을 하고자 여태껏 최선의 노력을 다하고 있다. 그래서 대학원에 진학해 지금까지의 노력들과 함께 앞으로의 노력들이 꽃을 피워 진정 인류에 공헌이 되는, 그리고 '세상의 패러다임을 바꾸는' 기술을 개발하는 인재가 되는 것을 원한다. 이런 꿈을 가슴속에 품고 도전하는 청년이 되고 싶다.

김찬울 2001년 4학년 2학기에 남한산초등학교로 전학 왔다. 학교가 너무 좋아서 30분씩 뛰어올라 등교하기 시작했다. '남한산'에 전학한 후의 시간들은 생애 최고의 시간으로 기억에 남아있다.

에필로그

PD수첩 취재로 본 남한산초등학교, 그리고 그 후의 나

김형윤 프로듀서 (MBC 시사교양국 차장대우)

2009년 7월, 저는 당시 조금씩 사회적 이슈로 부상되어 가던 '전면 무상급식 논쟁'을 취재하기 위해 경기도교육청에 갔다가 이상한 학교에 대한 이야기를 듣게 되었습니다. 남한산성 유원지에 한 초등학교가 있는데, 그 학교에 자신들의 아이를 보내기 위해 소위 엘리트로 불리는 부모님들이 몰려든다는 것이었습니다. 이 학교에 오려는 사람들은 많고 살 집은 없어서 유원지 식당의 반지하방에까지 사람들이 들어가려고 애쓴다는 것이었습니다. 그것도 높은 전세값을 내면서요. 부모님들이 이렇게 이 학교에 열광하는 이유는 이 학교에서 아이들이 자유롭게 뛰어노는데도, 사교육으로 무장한 아이들보다 학업적 성취도와 만족도가 더 높기 때문이라는 것이었습니다. 행복한 아이들과 더불어 부모님들도 행복해지는 학교라고 했습니다.

이 말씀을 해주신 분은 경기도교육청 공보과에서 일하시던 안순억 선생님이었습니다. 그분은 본인이 직접 남한산초등학교에서 왔다

고 하시면서 교사란 "아이들의 인격을 만들어가는 종합 경영인"이
라고 하셨습니다. 저는 여기까지 이야기를 들으며 이런 황당한 과
장이 어디 있겠느냐는 생각을 했습니다. 교사라는 직업을 지나치
게 과대평가하고 계시는구나 하는 생각이 들었습니다. 그러면서
도 한편으로 이 학교에 대해 알고 싶다는 호기심이 생겼습니다. 제
게는 바로 다음 해에 학교에 들어가야 할 아이가 하나 있었거든요.
혹시나 하는 마음이 생긴 겁니다.

 무상급식에 대한 방송을 끝내고 남한산초등학교를 취재하게 됐습
니다. 그리고 그 취재의 과정에서 선생님의 말씀이 허언이 아니라는
것을 눈으로 보게 되었습니다. 엄청난 충격을 받았습니다. 그것은 제
가 본 '남한산'의 교육이 제가 우리의 현실에서 상상할 수 있는 '좋은
교육'의 범위를 넘어섰기 때문이었습니다. 북유럽의 어느 나라에서는
이렇게 한다더라 하고 말로만 듣던 교육이, 교육지옥 서울의 코앞에서
행해지는 모습이 무척 '비현실적'이었습니다. 더구나 특별한 사람들만
갈 것 같은 대안학교가 아니라 누구나 갈 수 있는 공립학교에서 그런
일이 일어나고 있다는 점이 충격적이었습니다.

 사실 어떻게 보면 제가 학생으로 경험하고, 프로듀서로서 취
재했던 우리 교육의 현실이 더 비현실적인 악몽에 가깝습니다. 아
무리 깨어나려고 발버둥을 쳐도 결코 벗어날 수 없었던 고약한 꿈

이었습니다. 세계적인 성취도를 기록하고 있는 것처럼 보여도 학생들의 만족도는 최하위, 매일 거의 한 명의 학생들이 스스로 목숨을 끊게 하는 경쟁문화, 초등학교에 들어가기 전부터 한 달에 적게는 수십에서 수 백만 원이 들어가게 하는 사교육 체제, 그럼에도 혼자서는 아무것도 결정 못 하는 수동적 인간들을 양산하는 교육문화가 악몽이 아니라면 무엇입니까? 그런데도 우리가 그런 악몽을 깨뜨리기 위해 현실에서 할 수 있는 것이 거의 없다는 점은 이 악몽을 더 끔찍하게 만듭니다. 우리는 노예처럼 이 악몽에 순응해야 했습니다. 참고, 참고, 또 참을 수 있는 아이들만 생존하고 성공해나가는 것처럼 느껴졌습니다. 인내와 성취에 대한 강박까지 생겼습니다. 그러기에 남한산의 풍성한 자연 속에서 그들끼리 유유자적하고 있는 학생과 교사들이 있다는 것은 제게 '비현실적인' 상황일 수밖에 없었습니다. 더구나 이렇게 공부하는 학생들이 지적인 성취에서 사교육에 범벅된 학생들을 능가한다면 우리 교육 현실에서 이것보다 더 큰 '복음'이 어디 있겠느냐는 생각이 들었습니다.

남한산에서 아이들은 모두 행복해 보였습니다. 얼굴 표정들이 밝았습니다. 학교 가는 것을 무엇보다 좋아하고, 방학을 싫어했습니다. 수업을 창밖에서 들여다보면 학생들이 모두 '맹구'가 된 것처럼, 발표하려고 손을 들고 '저요, 저요!' 하는 모습이 보였습니다. 대답하는 걸 보니 특별한 것도 없었습니다. 그냥 수업을 즐기고 발표를 즐기는 모습이었습니다. 학교 전체가 교실이 되었기 때문에, 교실이 텅 비어 있는 경우도 많았습니다. 과학수업을 도서관에서, 뒤뜰에서, 학교정원에서 흩어져서 하는 모습을 보았습니다. 남한산의 아이들은 무엇보다 놀기를 좋아했습니다. 정말 놀기에 목숨건 아이들처럼 몸을 던져 놀았습니다. 땀을 뻘뻘 흘리고 먼지를 뒤집어쓰면서 촌티 풀풀 날리는 모습으로 놀았습니다. 아이들과 인터뷰 약속을 잡아도 노는 데 정신이 팔려 그 약속을 잊는 아이들이 많았습니다. 이렇게 방송 카메라가 무시되는 경우는 제 경험으로는 없었습니다.

첫 촬영에서 잊을 수 없었던 것은, 5~6학년 쯤 되는 어떤 아이가 다가와서 조용히 제 손을 잡고 저와 같이 카메라맨이 촬영하는 모습을 지켜봤다는 겁니다. 저는 좀 황당하고 무척이나 어색했지만, 아이는 촬영하는 과정에 대해 이것저것 질문도 생각나는 대로 편안히 했습니다. 저를 아빠나 삼촌 정도로 여기는 태도였습니다. 아무리 학교 안이었지만, 어떻게 처음 본 어른의 손을 잡고 이렇게 경계 없이 대할 수 있을까 해서 놀랐습니다.

'남한산' 교육이 일궈내는 성과와 의미가 사실 처음부터 제 눈에 들어왔던 것은 아니었습니다. 촬영 초기에는 오히려 제작진과 회의를 하면서 촬영을 접어야 하는 것이 아닌가 하는 말도 많이 했습니다. 이 학교에서 아이들에게 놀이를 강조하고 자유롭게 키우는 것은 맞지만, 그들의 수업이 다른 학교와 많이 다르다는 생각이 들지 않았습니다. 시골 분교의 아이들처럼 땀을 뻘뻘 흘리고 놀기만 하는 아이들의 모습에서 그 '특별한' 교육의 효과를 찾아볼 수 없었습니다. 하지만 그곳을 졸업한 학생들의 현재 모습과 과거 이야기를 듣고 나니 그 학교의 수업과 프로그램들 하나하나의 의미들이 조금씩 보이기 시작했습니다. 그리고 학생들과 선생님들을 한 분 한 분 인터뷰하면서 '남한산'식 교육의 위대함에 감동하게 됐습니다.

'남한산'을 졸업한 아이들은 자신들이 '남한산'에 있을 때, 어느 때보다 행복했고 그 행복을 바탕으로 자신들의 모든 어려움을 극복해가고 있다고 말했습니다. '남한산'에 있을 때는 공부조차도 즐거운 것이어서 자신들이 나중에 입시를 준비하거나, 대학에서 공부할 때도 무엇이든 즐겁게 배울 수 있었다고 말했습니다. 학원가는 아이들이 이해가 안 가고, 왜 학원을 다니면 공부를 못하게 되는지 알겠다고도 말했습니다. 남한산의 자연에 대한 그리움을 얘기하기도 했는데, "똑같은 숲에서 놀았지만, 매일 매일이 달랐다"고 말했습니다.

그렇게 취재를 진행해 가면서 재미있었던 것 중 하나는, '남한산'에서 근무하는 어떤 교사를 인터뷰해도 '남한산'의 교육에 대해 똑

같은 결론을 이야기한다는 것입니다. 학부모들도 마찬가지였습니다. 한편으로는 이 학교의 구성원들이 자신들의 구호에 스스로를 집단적으로 세뇌시킨 것이 아닌가 하는 의심도 들었습니다. 하지만 그들의 이야기가 결론은 같아도 출발한 지점과 도달하는 과정이 각기 달랐다는 것에서, 그들이 주장하는 교육적 방법론이 머릿속 이념이 아니라 실천의 결과라는 생각을 갖게 되었습니다. 그리고 그것이 끊임없는 토론과 나눔을 통해 그들 사이에 강고한 밑바닥 문화로 자리 잡았음을 알게 되었습니다. 그래서 매일의 수업이 '체험학습'의 철학 아래서 자연스럽게 실행되어졌던 것입니다. 현재 우리의 교육이 왜 변화할 수 없는지, 그리고 '남한산'은 어떻게 노력해 왔는지를 들을 때, 선생님들의 말씀에 공감해서 인터뷰 도중 '하~!'하는 감탄사를 여러 번 내게 되었습니다.

'남한산'에서 강조했던 것은 '배움은 몸으로 해야 된다'는 것이었습니다. 이 말에서 첫 번째로 주목해야 할 부분은 교육을 가르침이 아닌 배움으로 파악한다는 것입니다. 이것에서 학교 안에서 행해지는 모든 교육활동은 출발점이 180도 달라집니다. 교육의 중심을 교사에서 학생으로 가져가고, 지금까지의 교육적 관행을 뒤집어 생각하는 것입니다. 교사들은 어떻게 해야 아이들이 스스로 배우려 하겠느냐에 모든 것을 집중합니다. 그래서 모든 배움은 몸으로 시작해야 한다는 결론에 도달하게 됩니다.

몸으로 경험하고 표현해야 마음에 남는 것이 생긴다, 마음에 남는 것이 있어야 배움의 과정에서 아이들이 스스로 꺼내 쓸 수 있는 것이 있다, 그렇게 스스로 해야 다른 아이들과 함께하는 것이 가능하다, 함께해야 새롭게 변형하는 것이 가능하다, 그리고 이 과정을 모두 통과해서 총체적으로 깨달아야 뭔가 하나를 배웠다고 보는 것입니다. 교사들은 언뜻 추상적으로 보일지 모르는 이 '체험학습 다섯 단계'의 실현을 위해 모든 교과서적 지식을 해체하고 체험을 바탕으로 재구성하는 작업을 꾸준히 해왔습니다. 이렇게 해서 배운 아이들이 배운 지식의 알갱이들은 자연스럽게 서로서로 연결이 됩니다. 그렇게 연결된 지식의 그물망이 커지면서 아이들의 배움은 점점 깊어지고 있었습니다. 단지 많이 아는 차원을 넘어서 아이들 개인의 삶의 태도에도 영향을 주는 것 같았습니다. 이런 배움은 인터넷에서 클릭 한번으로 얻을 수 없는 일이고, 학원의 공부폭탄으로는 더더욱 얻을 수 없는 것들입니다. 오직 아이들이 하나하나 자신의 힘으로 이뤄갈 때만 가능한 것들입니다. 그래서 남한산 아이들은 자발성이 뛰어난 아이들로 자라날 수밖에 없는 것으로 보였습니다.

'남한산'의 학부모들은 일견 참 힘들어 보였습니다. 학교에서는 아이들과 관련된 일이라며 사소한 것들로도 학부모들을 불러 밤늦게까지 토론을 벌이기 일쑤였습니다. 이런저런 학교 행사에 학부모 대부분이 꼭 참여해야 합니다. 다들 그것이 당연하다고 생각하고 있었습니다. 남한산성 지역이라는 곳은 도서관 하나 없는 시골입니다. 백화점은 고사하고 큰 마트나 쇼핑센터도 없습니다. 작은 슈퍼가 몇 개 있을 뿐입니다. 회사에서 한 번 퇴근하면 학부모들 외에는 친구들을 불러 만나기도 쉽지 않은 환경입니다. 그들이 살고 있는 집들은 모두 좁고 불편합니다. 샤워를 제대로 할 수 없는 곳도 많습니다. 그런데도 그들은 만족합니다. 아이들이 단순하게 놀며 생활하는 것이 좋다고 말합니다. 그리고 교사들과 허물없이 거의 매일 만나며 이야기하고, 밥 먹고, 술 마시며 함께 지냅니다. 그들의 입에서 교육이라는 말은 항상 붙어 다니는 주제입니다. 도대체 교육이라는 걸로 뭘 할 수 있을까 회의적이었던 저에게는 신기한 모습이었습니다. 마치 '교육교(教育教)'의 신자들 같은 모습들이었습니다. 그런 모습을 보면서 저도 '남한산' 학부모가 되고 싶었습니다.

하지만 제가 '남한산'의 학부모가 되는 것은 쉽지 않았습니다. PD수첩에서 남한산초등학교에 대한 방송이 나간 이후, 가뜩이나 비쌌던 인근 전세값이 폭등하고 학교 업무가 마비되는 사태가 초래되었기 때문입니다. 하루 만에 전세값 1억이 오른 곳도 생겼습니다. 남한산초등학교의 공적이 되어버린 저는

'남한산'과 같은 교육을 실천하고 있는 다른 작은 학교들을 찾아 이사 가야겠다고 생각했습니다. 경기도 양평, 충남 아산 등지를 살펴보았는데, 여의도까지의 출퇴근을 고려하면 거의 불가능한 선택이었습니다. 그렇게 방황하다가 고양시 덕양구 행신동에 개교하는 서정초등학교가 혁신학교가 된다는 말을 듣고 이사를 오게 됐습니다. 경기도교육청에서 추진하는 혁신학교의 핵심 모델 중 하나가 남한산초등학교였기 때문입니다. 그리고 결국 이 학교에서 얼결에 학교운영위원장이 되어 2년간 일하게 되었습니다.

서정초등학교는 경기 서북부 거점학교로 혁신학교 교육을 비교적 성공적으로 실천하는 학교입니다. 학부모와 교사들의 만족도가 첫해에 90%가 넘었습니다. 하지만 개교한 지 얼마 안 되는 학교로서 여러 가지 시행착오를 거쳐야 했고 아직도 많은 문제점들을 가지고 있기도 합니다. 아이들을 어떻게 보아야 하는지, 학부모의 참여는 어떤 모습이어야 하는지, 학교의 의사 결정을 어떻게 이뤄야 하는지 등 아직까지 통일된 관점을 형성하지 못한 부분이 많이 있습니다. 하지만 좋은 출발을 했기에 빠르게 안정되었고, 앞으로도 계속 성장할 것이라는 데 이견이 없습니다. 이곳에서 아이를 학교에 보내면서 제가 스스로에 대해 갖고 있는 생각도 변합니다. 어쩐지 어색하게만 들렸던 '행복'이라는 말의 의미를 다시 여러 번 생각해 보게 됩니다. 행복하게 자라난 아이가 결국 행복한 인생을 살아갈 것이란 확신을 갖게 됩니다. 그래서 아이들에게 행복을 연습시켜야겠다는 생각을 하게 됩니다. 지금 현실에 살면서 행복을 누리자는 생각을 많이 하게 됩니다. 'Carpe Diem.' 참 감상적인 영화라고 생각했던 〈죽은 시인의 사회〉를 다시 생각해보게 됩니다.

저는 단지 한두 달 남짓 '남한산'과 그에 영감을 받은 '작은학교 운동' 학교들을 둘러봤을 뿐인데, 이렇게 많은 변화를 겪게 되었습니다. 그렇다면 이곳에서 '남한산' 교육의 세례를 제대로 받고 자란 아이들은 어떨까 하는 궁금증이 커집니다. 저는 몇 명의 졸업생만을 만나보았지만 제가 만나보지 못했던 졸업생들의 여러 이야기를 듣고 싶은 궁금증이 생깁니다. 과연 '남한산'이라는 저 위에서 내려와 입시라는 밑바닥을 경험했을 때 어떤 느낌이었는지 여러 아이들의 말을 들어보고 싶어집니다. 그 말들을 통해 제 아이를 잘 키우는 힌트를 얻을 것 같습니다.

그래서 이 책이 나오는 것에 소문을 듣고 기획 때부터 호기심을 갖고 기다렸습니다. 여기에 나오는 아이들 중 세 명은 제가 방송을 제작하면서 만나 보았던 아이들입니다. 그 아이들은 건강함과 당당함으로 방송 제작진들을 놀라게 했습니다. 이 책에서 그들의 더 많은 이야기를 듣게 돼서 기대가 많이 됩니다. 또 다른 아이들의 성공과 실패, 재도전의 이야기들을 보게 되니 우리 교육이 구체적으로 어떻게 바뀌어야 할지 더 분명한 그림을 그려보게 됩니다. 저는 남한산초등학교에 항상 고마운 마음입니다. 이들의 이야기로 더 많은 사람들이 아이들을 행복하게 키워야겠다는 결심을 하는 계기를 마련했으면 좋겠습니다.

2012. 7. 30.